Ivo Matthias Rusch

Horizonte der Begegnung

Kurzgeschichten aus Asien

AF140242

BoD-Verlag

Impressum

Titelbild: Ivo M.Rusch, Manimauer in Nepal

Lektorat: Stefan Rusch, Zürich

Herstellung und Verlag: BoD – Books on Demand, Norderstedt

                       Printed in Germany

                       1.Auflage 2013

                       ISBN 978-3-7322-3333-5

Inhaltsverzeichnis

Vorwort

Ein Ausschlag, dieses Buch zu schreiben, war das Interesse von Kollegen und Freunden an meinen Geschichten. Es sind wirklich erfahrene Reiseerlebnisse bei meinen unzähligen Aufenthalten und Trips in Asien.

Ein Bedürfnis des philosophisch veranlagten Menschen ist es, zusammenzusitzen und über Sinn und Unsinn in der Welt zu diskutieren. Dabei nimmt man oft Theorieansätze zu Hilfe und versucht damit etwas Wissenschaftlichkeit hineinzugeben. Es besteht die Gefahr, dass man sich in einem geschlossenen Denksystem bewegt. Dieser Denkkreislauf beinhaltet jedoch selten existentielle Gefühle wie Hoffnung, Sehnsucht etc. Ebenfalls verhindern vorgefertigte Wissenschaftsansätze oft die Fähigkeit der unbehelligten Erfahrung, des Staunen-Könnens. Und letzten Endes kann der moderne Mensch dank wissenschaftlichen Theorien der Illusion erliegen, dass er die Wirklichkeit kennt, obschon er sie eigentlich nie persönlich erlebt oder geprüft hat.

Persönlich habe ich viel Freude an Weisheitsgeschichten aus alten Kulturen. Irgendwann begann ich, Geschichten, welche ich selbst erlebt hatte, in die philosophischen Gespräche einzustreuen. Ich glaube, das kann die Liebe zur Weisheit (lat. philosophia) beleben.

Dieses Buch möchte einen Beitrag zur angewandten Philosophie leisten. Der heutige Mensch gibt viel auf althergebrachte Theorien und moderne mediale Blendung, jedoch wenig auf eigenes echtes Erleben. Ich möchte die alte und die junge Generation ermutigen, den Blick von den allgegenwärtigen kleinen und grossen Bildschirmen und Touchscreens zu heben und in die echte Welt hinaus zu blicken. Unsere Erde ist wunderbar und wundersam. Und es gibt mehr da draussen zu erfahren, als uns unsere Schulwahrheit annehmen lässt...

Der Autor

Gewidmet all den Pilgern auf dem Lebensweg, welche der göttlichen Stimme in ihrem Innern Vertrauen schenken.

Der Baum in der Wüste

Das Rattern der Eisenräder auf den breiten mongolischen Eisenbahnschienen brachte einen beruhigenden Gleichklang mit sich. Die alten Waggons waren in mehreren Dutzendschaften zusammengereiht. Sass man wie ich im hintersten Teil des Zuges und schaute durchs offene Gangfenster nach vorne zur Spitze desselben, schien sich die ganze Komposition fast am Horizont zu verlieren. Zur Länge des Zuges, welcher nur wenige Tage die Woche diese Strecke unter seine Eisenräder nahm, und trotz vier starker russischer Dieselloks, die ganz schön ins Schnaufen zu kommen schienen sich nur äusserst langsam vorwärts bewegte, kam die unendliche Weite der Wüste Gobi hinzu. Wer schon einmal eine Wüste gesehen hat, wer schon einmal seinen Blick in der nie enden wollenden Weite aus Sand und Gestein, in der Unendlichkeit des Schauens verloren hat, der weiss um die Kleinheit und eigentliche Unscheinbarkeit des Menschen. Und nur der der humanen Rasse innewohnende Grössenwahn führt ihn wieder zurück zu seiner Selbstgefälligkeit und bewahrt ihn vor der endgültigen Selbstverlorenheit im kosmischen Dasein.

Das gleissende Gelbbraun des steinigen Sandes wich mit den herannahenden Abendstunden einem immer milder werdenden Rotton. Und ehe die Sonne nur annähernd den Horizont zum Abschied des Tages küsste, jagten sich die Wechsel der Farbtöne in einem unergründlichen Spiel der Vielfalt. Mit dem immer intensiver werdenden Feuerrot der Sonne hoben sich die ersten Schatten aus der Tiefe der Sandwüste empor, als seien sie Gespielinnen der Kojoten, welche zum Ableben des Tageslichtes die ersten kühleren Abendwinde über den Dünen in sich aufsogen.

Und da stand er. Kugelrund, mit kräftigen Armen. Schillernd grün in einem vollendeten Blätterkleid und kräftig, ein dünner Stamm von beindickem Umfang. Allein. Der Baum in der Wüste. Ein Bild wie von einem Lindenbaum auf einem Hügel im Schweizer Mittelland. Da war nur er, allein. Ganz allein.

Wie wohl kam dieser Baum hierher? Was hatte dem Samen den Impuls gegeben, hier seine innewohnende Bestimmung zur Entfaltung zu bringen? Wie wuchs er zu dieser Schönheit heran, ohne je ein Mitglied seiner Spezies als Vorbild und beratenden Freund zur Seite gehabt zu haben? Und wie hatte er es geschafft, nie aufzugeben - trotz widrigster klimatischer Umstände in unerträglicher Hitze und steintötender Kälte in den sibirischen Winternächten? Wir werden es nie erfahren. Doch hätte der Baum auf die vielen möglichen Bedenken anderer Bäume gehört, so stünde er wohl nicht hier. Und er wäre nicht das, was er heute ist - nämlich einzigartig.

Die Familie der Wüstenhasen, welche unter ihm in der Abendsonne tollten, sie werden seine Mühen nie verstehen. Aber ihnen hat er einen Lebensraum erschaffen. Und das schien diesen jungen Hoppelkerlchen wirklich Lebensfreude zu schenken…

Wer den Vogel hat

"He, Mister, you buy bird, let him free - is good luck!" rief mir die rundliche Dame beim Eingang zum Haupttempel zu. Sie sass auf einem Holzhocker mit einem kleinen aufgespannten Regenschirm zum Schutze gegen die sengende Mittagssonne, vor ihr zwei Bündel mit kleinen Körbchen aus Bambus geflochten. In den Körbchen hatte sie gefangene Spatzen, welche aufgeregt flatterten und die Schnäbel durch die Maschen pressten. Die Verkäuferin verkaufte Glück. Die Idee dieses Glücksrituals ist von China bis nach Südostasien weit verbreitet. Die Entlassung eines Vogels in die Freiheit hat einen starken Symbolcharakter.

Ich umwanderte erstmals die hübsche antike Tempelanlage. Hier in Nordthailand waren die buddhistischen Tempel unglaublich imposant. Auch diese Anlage vor mir, wohl eine der ältesten in Chiang Mai (welche wiederum eine der ältesten Städte der Welt ist). Die Pagodendächer schillerten wie riesige goldene Schiffsrümpfe in der Sonne, es blinkte und gleisste. Die grossen verschiedenen Buddhastatuen protzten in echtem Gold, veredelte Keramik an den Wänden widerspiegelte die Sonnenstrahlen. Ja, hier wäre selbst Gautama Buddha persönlich ins Staunen gekommen!

Nach einer ausgiebigen Runde sah ich wieder die Vogelhändlerin. Ein älteres Touristenpärchen diskutierte rege, und die Frau kaufte aus Mitleid ein paar Vögel, welche da schmachtend in der Mittagssonne auf Freiheit hofften. Kurz darauf flatterten sie gegen das Lösegeld in die erhoffte Freiheit. Die beiden älteren Touristen fühlten sich sichtlich besser. Hatten sie doch eine gute Tat vollbracht.

Jahre später kam ich zurück an den gleichen Tempel. Die Tempelanlage strotzte immer noch voller goldener Erhabenheit vor sich hin. Die Pagodendächer schillerten wie riesige Schiffsrümpfe in der Sonne. Auch die Vogelhändlerin gab es noch. Neben ihr noch ein paar weitere Vogelhändlerinnen. Das Geschäft mit dem Glück schien zu florieren. Ganz zum Unglück der kleinen Piepsmatze…

Die Freiheit ist ein kostbares Gut, wie es scheint.

Die Lautsprecher

Anfangs der Neunzigerjahre war Laos von Ausländern kaum besucht. Es gab nur eine limitierte Anzahl Einreise-Visa, und die kommunistische Administration war umständlich. In jedem grösseren Dorf musste man sich beim Parteibüro einfinden und registrieren lassen. Die Menschen selber waren und sind in Laos aber sehr umgänglich und freundlich, und ob sie nun Kommunisten waren oder irgendwas anderes, war ihnen ziemlich egal – Hauptsache, das Leben war voller Freude und guter Begegnungen. Einzig störend waren die plärrenden Lautsprecher auf dem Versammlungsplatz. Hier wurde jeweils morgens und abends um sechs ein Tonband mit den kommunistischen Parolen abgespielt. Die Leute sollten dazu stramm stehen und zuhören.

Ich kam in diesem Ort ziemlich spät an. Wie damals üblich, war ich mit einem der alten Handelsboote mit tuckerndem Dieselmotor unterwegs gewesen, seit Tagen schon. Leider war der Kahn am Nachmittag auf eine Sandbank aufgelaufen, und die ungünstige Strömung liess das mit Brennholz überladene Boot kippen. Während ich ins Wasser stürzte und mir Holzstücke auf den Kopf prasselten, sah ich meinen kleinen Rucksack und die Lebensmittelvorräte den Mekong runter treiben. Nebenan trieb eine ältere Dame - ich musste mein Gepäck schwimmen lassen und fischte die schreckensbleiche Nichtschwimmerin aus dem Wasser. Die einheimischen Passagiere und ich warteten dann lange Zeit auf der Sandbank auf ein Ersatztransportmittel. So ergab es sich, dass ich am Zielort erst spät nachmittags ankam. Das Parteibüro hatte schon geschlossen.

Beim Hauptplatz des Ortes gab es eine Art Hotel. Und siehe da, da sass auch ein Weisser vor dem Haus! Der Franzose war ein junger Abenteurer wie ich und von Beruf Tontechniker. Er musterte mein übriggebliebenes kleines Gepäck und meine etwas durchweichte Erscheinung und meinte trocken, die nasse Geschichte hätte im Dorf schon die Runde gemacht.

Abends stieg ein Hochzeitsfest auf dem Hauptplatz. Unter einem alten amerikanischen Militärfallschirm, der auf einer Bambusstange aufgespannt als Zeltdach diente, wurde an kleinen Holztischen Reisschnaps gereicht. Der

Brauch wollte, dass man den Becher nie auf den Tisch setzte, sondern immer gefüllt herumreichte. Die Party nahm dann ein gelungenes Ende für den Gastgeber, wenn die Gäste auf ihrem Hocker nach hinten kippten und sich nicht mehr rührten. Zum Fusel wurden gebratene Hühnerfüsse als Delikatesse gereicht, und eine laotische Rockband spielte auf. Ihre technische Ausrüstung war phänomenal, sie hatten auch Trichterlautsprecher und einen Stromgenerator (einen ausgeleierten Schiffsmotor) dabei. Es quietschte und krachte auf der Bühne - das war ein echtes Heavy Metall-Spektakel! Der Franzose und Tontechniker eilte den Jungs zu Hilfe und die Hörqualität stieg und stieg mit jedem Lied und hatte schon bald die Qualität eines in der Sonne gelegenen Tonbändchens.

Den Tontechniker hatte der berufliche Ehrgeiz gepackt. Am nächsten Tag bot er sich dem Parteibüro an, und flugs darauf sah man ihn am Rumschrauben an den alten Parteilautsprechern auf dem Versammlungsplatz. Als um sechs Uhr abends wieder die Lautsprecher erklangen, erstarrte die Dorfbevölkerung. Wohl zum ersten Mal konnte man die scharfe Offiziersstimme des Kommunistischen Führers wirklich verstehen. Und er schien nicht gerade eine wohlwollende Rede zu halten! Die Dorfbevölkerung schaute sich verängstigt an.

So gut es der Franzose gemeint hatte: Der Frieden im Dorf war gestört.

Am nächsten Morgen in der Frühe des Morgengrauens sah ich ein paar Männer auf der Leiter bei den Lautsprechern. Und als die Blechtrichter um sechs Uhr früh wieder rauschten und das Plärren wie früher klang, hatten diese mutigen Laoten den Dorffrieden wieder ins Lot gebracht...

Solidarität mit einem Fremden

Ich war unschlüssig. Eigentlich musste ich endlich weg von dieser Stadt. Mein Visum war nur noch wenige Tage gültig, und die kommunistischen Beamten in Laos kannten kein Pardon, wenn man die strikten Regulationen nicht einhielt. Ich wollte ja weg. Nur, es fuhr einfach kein Boot. Nach den Regentagen war der Mekong dick gefüllt, und Baumstrünke drehten sich wie kleine Eisberge in einem braunen zähen Strom. Zudem war ein Stadtfest angesagt, die wenigen Boote hatten sich zur Stadt vorgekämpft. Keiner der Bootskapitäne war gewillt, Luang Prabang die nächsten Tage zu verlassen.

Dann gab es die Strasse. Jeden Morgen fuhr ein kleiner Lastwagen mit Holzbänken für die lokalen Passagiere Richtung Süden. Leider trieben in diesem Gebiet die Guerillas ihr Unwesen. In anderen Gegenden der Welt blieben die Touristen meist unbehelligt von landesinternen Machtkonflikten. Hier hatte sich das Blatt vor wenigen Tagen gewendet. Die Guerillas hatten zwei Franzosen und einen Neuseeländer gefangengenommen. Sie waren in einem Minibus auf dieser Strecke unterwegs gewesen.

Die Guerillas hatten die Strategie gewechselt. Ihre politische Meinung war bis anhin im Dämmerlicht des Dschungels geblieben, und niemand von politischem Gewicht interessierte sich dafür. Als sie jedoch eines Tages nebst einheimischen Geiseln mehr oder minder versehentlich einen Westler mitnahmen, liess das Echo der internationalen Presse nicht lange auf sich warten. Statt also irgendwelche ärmliche Einheimische wochenlang durchzufüttern, erschien es alsbald viel praktischer, den Fokus auf Ausländer zu richten.

Ich überlegte lange hin und her. Ich würde den Lokalbus nehmen. So sprach ich mit den Busfahrern, versuchte das Sicherheitsrisiko zu berechnen. Aber die Zeit lief, ich musste weg hier.

In den Dörfern im Hügelland war ich bewaffneten Jägern begegnet. Ihre handgebauten Ein-Schuss-Flinten waren nicht sonderlich bedrohlich gewesen, die Macheten vielleicht eher. Wie gefährlich konnte es werden?

Der Fahrer des morgigen Busses erklärte sich bei einem Tee am Abend bereit, mich am nächsten Morgen mitzunehmen. Er werde aber die einheimischen Fahrgäste zuerst fragen müssen, ob sie einverstanden seien. Für sie steige das Risiko. So stand ich denn um sechs auf dem Bushalteplatz. Der umgebaute Lastwagen mit den Sitzbänken auf der Ladefläche stand bereit. Ich hatte mir eine einheimisch aussehende Kleidung angezogen. Die Fahrgäste berieten sich mit dem Fahrer und klopften mir auf die Schultern. Ja, sie nähmen mich mit. Das würde schon gehen. Die Guerillas hätten sich die letzten Tage nach Westen verschoben wegen des anrückenden Militärs. Die einheimischen Fahrgäste vergruben meinen Rucksack unter der Regenplane, und wir fuhren los.

Wir waren etwa dreizehn Kilometer weit gekommen. In einer Kurve lag ein Baumstamm. Der Fahrer musste scharf abbremsen. Die Fahrgäste schauten sich erschreckt an und reagierten blitzartig. Jemand riss mir meine Schirmmütze vom Kopf und tauschte sie gegen seinen breiten Strohhut. Ein Tuch um den Kopf, schnell! Die ersten Freiheitskämpfer tauchten aus dem Unterholz auf und näherten sich mit raschen Schritten dem Lastwagen. Die korpulente Laotin neben mir stopfte mir ein Huhn in den Schoss, und ich machte mich so klein wie möglich neben ihr. War ich doch eigentlich bedeutend grösser gebaut als ein Einheimischer.

Aus den Augenwinkeln versuchte ich die Szene wahrzunehmen. Die Freiheitskämpfer, ein Trupp von etwa acht Mann, hatten paramilitärische Uniformen an und waren dick vermummt mit falschen Armani-Sonnenbrillen auf den Nasen. Über die Schultern baumelten halbleere Patronengurte. Und sie hatten Kalaschnikows. Wo hatten sie diese halbautomatischen russischen Kriegswaffen bloss her?!

Sie umrundeten das Fahrzeug und inspizierten es von aussen, dann sprang einer auf die Ladefläche, wühlte in der Ladung. Wedelte vor unserer Nase mit der Kalaschnikow rum. Es wurde ungemütlich. Die Sekunden vergingen wie Minuten. Sie fanden auch meinen Rucksack. Zum Glück war das Ding so staubig, dass ihnen die Idee von einem Touristen wohl nicht kam. Nochmals sah ich die Laufspitze der Waffe unter meiner Strohhutkrempe vorbeiziehen, dann sprang der Kämpfer behende von der Ladefläche, der Baumstamm wurde weggerollt. Der Lastwagen warf stotternd seinen Motor an, und wir fuhren um die nächste Kurve. Der Spuk war vorbei.

Wir verharrten noch ein Weilchen, fuhren bis zum Fluss. Nachdem wir den Fluss durchfahren hatten und dem Pfad auf der anderen Seite folgten, brach auf der Ladefläche Festlaune aus. Auf dieser Seite waren wir sicher. Dieses Gebiet wurde von der Armee kontrolliert. Die einheimischen Fahrgäste freuten sich sichtlich, der Guerilla ein Schnippchen geschlagen zu haben. Und *ich* erst!

Zur Feier des Tages öffnete jemand eine Flasche Reisschnaps, ich verteilte Zigaretten und Biskuits, und es wurden Spässe gemacht und Lieder gesungen. Unnötig zu erwähnen, wie dankbar ich dem selbstlosen Grüppchen war! Sie hatten sich selber in Gefahr gebracht, mich erstklassig durchgeschmuggelt. Auch dem Huhn, welches Hauptbestandteil meiner Tarnung gewesen war, streichelte ich dankbar zum Abschied über sein Federgewand.

Fragen wir uns mal ganz ehrlich. Hätten wir dies auch getan? Für einen Fremden, den wir zuvor noch nie gesehen hatten?...

Und der König des Rock 'n' Roll lebt doch!

Wir schreiben das Jahr 1995. Noch war der Krieg nicht zu Ende, und nur wenige Weisse begaben sich nach Kambodscha. Die meisten von ihnen rasten in grossen weissen Jeeps herum und arbeiteten für die UN. Ausser weissen Fahrzeugen oder Armeefahrzeugen sah man vor allem Fahrräder oder kleine Motorrädern, meist Motorradtaxis. Auch ich war tagelang auf einem solchen in der Pampa unterwegs gewesen. Der Fahrer war ein zuverlässiger und lieber Typ, und seine Familie war froh um jeden kleinen Geldschein, welchen er dank mir verdiente. Ich hatte viel gesehen diese Tage. Menschliches, Erschütterndes, Erstaunliches und Unbekanntes. Und die Schrecken der Folgen eines menschenverachtenden Bürgerkrieges. Zugegeben, genau dies hatte mich nach Kambodscha getrieben. Die grossflächige Auseinandersetzung mit dem Tod. Und seine fratzenhaften Gesichter, welche unter jedem Strauch im Regenwald zu lauern schienen. Man musste denn auch vorsichtig sein. Es gab aktuelle Karten von Krisengebieten, in denen noch Kampfaktivitäten vorkamen. Aber noch unheimlicher war die Gewissheit, dass es in vielen Gebieten mehr Landminen als Einwohner gab.

An diesem Abend, zurück in der Hauptstadt, wollte ich nur eins: Ein kühles Bier und etwas Ruhe, um die schrecklichen wie schönen Bilder in meinem Kopf etwas zu ordnen. Mein Motorradfahrer fuhr mich also früh abends in eine Bar am Rande der Stadt, in der es keine Prostituierten und aufgeplusterte UN-Poloshirtträger gab. Er selber käme später nach. Er musste noch den Vergaser des Motorrades reparieren lassen. Ich bat ihn, zeitig vor der Ausgangssperre zurück zu sein.

Es war eine ulkige Bar. Ausser einem schiefen Pooltable und einer vergammelten Gitarre an der Wand gab es nicht viel Interieur. Das Licht schummerte in Schilfkörbchen von der Decke, und zur Zierde des Raumes hatte jemand aus schwarzem Papier Scherenschnitte geschnipselt und an die gelben Wände geklebt. Für ein Einheimischen-Lokal am Stadtrand war es mehr als passabel. Auch Ratten sah man keine rumwieseln (Kambodscha hatte in diesem Jahr eine Rattenplage). Und das Bier trank man sowieso aus der Flasche.

Ich suchte mir einen Platz im hinteren Teil des Raumes, etwas verdeckt von einer Zementsäule und im Schummrigen. Ich wollte einfach mal meine Ruhe, nicht wieder so ein freundlich gemeintes Smalltalk-Gespräch, das mit "He Mister, where are you from?..." begann. So konnte ich die letzten Tage für mich etwas Revue passieren lassen.

Und die Bilder flitzten mir durch den Kopf. Von wunderschönen Klosteranlagen im Abendlicht, von Äckern voller Leichenresten, von der versteckten Flugpiste im Dschungel… damals inoffiziell von den Amerikanern gebaut und heute inoffiziell zum Waffen- und Drogenhandel genutzt.

Da rüttelten mich Gitarrenklänge aus meiner Gedankenwelt. Musste das jetzt sein? Vorne neben der Bar hatte ein zotteliger Typ das Saiteninstrument von der Wand genommen, und obschon er aufgrund seiner Promille auf seinem Hocker ziemlich wankte, stimmte er zu einem Khmersong (einheimische Musik) an. Nach dem ersten Unmut horchte ich auf. Er spielte und sang erstaunlich gut! Und seine Stimme… irgendwie klang sie bekannt. So süss romantisch, und doch irgendwie rockig. Merkwürdig, ich hatte noch nie kambodschanische Musik im Westen gehört. So nippte ich an meinem Bierchen und lauschte der eingängigen Musik. Der nächste Song klang schon fast bekannt. So ähnlich wie dieser Hit in den sechziger Jahren, dieses "Love me Tender"-Dings, mit kambodschanischen Text. Das hatte Tiefe, wow! Die Einheimischen lauschten denn auch andächtig und zollten der Musik Respekt. Ich lugte mal um die Ecke des Zementpfeilers , um etwas mehr mitzubekommen. Der Typ war ja ein Westler! Er schien so Mitte 60 oder so, ein hagerer Kerl mit langen Haaren. Seine Gesichtszüge waren ziemlich markant, aber vom Opiumkonsum gezeichnet. Der musste schon Jahrzehnte hier in Kambodscha hängen. Er schien voller Inbrunst in seiner Musik aufzugehen. Sein soporhafter Zustand schien die Musik in seinen Adern nur noch flüssiger zu machen. Irgendwie kam mir der Typ bekannt vor. Ich musterte seine Gesichtszüge nochmals scharf. Ja, den kannte ich von irgendwoher. Vielleicht von einem Foto auf einem Plattencover? Ja…

Lang ist's her, King!!

Der Stuhl

Eigentlich sah die Gegend gar nicht so unerschlossen aus. Durch das Kleinstädtchen führte sogar eine Strasse, auf der sich alte Lastwagen Richtung laotisch-thailändischer Grenze quälten. Ich ging an den Fluss hinunter. Es war ein Spektakel im Gange. Ein Lastwagen war bei der Überquerung der Sandbank eingesunken und musste raus geschaufelt werden. Als Mann hatte man eine moralische Pflicht mitzuhelfen. Es wurde also geschoben und geschaufelt und Steine geschleppt, und irgendwann spulte sich das stählerne Ungetüm wieder aus dem Loch. Nach getaner Gemeinschaftsarbeit wurde ich ins Dorf unten am Fluss eingeladen. Zuerst wurde ich zum Oberhaupt der Sippschaft zur offiziellen Begrüssung geschleppt. Dies war mal wieder ein Event im Dorf, und das Volk scharte sich mehr und mehr um uns.

Ich fragte den Dorfchef, ob ich von ihm ein Foto machen dürfe, und zückte meine kleine Reisekamera. Es wurde allgemein gestaunt und das Ding inspiziert. Ein gebildeter Herr, ein Lehrer, hatte sowas schon mal gesehen und erklärte dem Dorf, was das war. Ein Raunen des Staunens ging durch die kleine Menschenansammlung. Nun versuchte ich, die Dorfbevölkerung mit dem Oberhaupt in der Mitte etwas zu gruppieren. Das Schwierige daran war, den Portraitierten klarzumachen, dass sie auf einer Art Linie zu stehen hatten und nicht auf die Kamera zulaufen sollten. Als alle bereit waren, und ich mich zum Gruppenbild anschickte, gebot man mir plötzlich zu warten. Ich begriff nicht ganz, aber natürlich respektierte ich diesen Wunsch. Vielleicht fehlte noch eine wichtige Person fürs Bild, der Schamane etwa? Drei Männer eilten auf Geheiss des Dorfoberhauptes los. Nach etwa zwanzig Minuten kamen sie schleppend zurück. Mit einem grossen Stuhl, angefertigt aus schwerem dunklen Teakholz! Sowas hatte ich ja in dieser Gegend noch nie gesehen. Woher der wohl kam? Man gebot mir, auf den Stuhl zu sitzen. Das gemeine Volk zu meinen Füssen sitzend und die wichtigen Männer stehend neben mir, sollte das Bild in den Kasten gebracht werden.

Dies war mir nun aber ganz und gar nicht recht. Das hatte so einen kolonialen Anstrich. Der Dorfchef sah, dass mir die Sache nicht besonders geheuer war. Er bat den Lehrer (der Französisch sprach) die Sache zu erklären. Der

Magister überlegte, räusperte sich lange und erklärte mir dann mit grossem Ernst die Situation:

Vor vielen Jahren, sei hier ein weisser Mann im Dorf angekommen. Er sei eine Weile geblieben und habe sich in der Zeit dieses Ding gebaut. Als er nach einigen Jahren an Malaria starb, hatte man für das Holzmöbel keine Verwendung mehr. Es sei aber im Dorftempel aufbewahrt worden - und heute, heute sei ein ganz besonderer Tag. Ich müsse dem Dorf diese Freude, diesen Gefallen, einfach machen, meinte er und sah mich bittend an. Nun, so ergab es sich.

Und der Lehrer, ein wissender Mann, schien auch die Welt der Fotographie zu kennen. So war er der vielbeachtete Fotograph für dieses historische Fotoshooting in der Menschheitsgeschichte.

Mein Fotolabor in der Schweiz verrechnete mir die Bilder nicht mal. Denn mehr als ein verwackelter Lehmvorplatz und ein paar dutzend Füsse waren auf den Bildern leider nicht zu erkennen…

Nicht alles was Geschichte ist, ist Vergangenheit

Es ist kein besonders rühmliches Kapitel der Menschheitsgeschichte - der Vietnamkrieg. Das Aufeinanderprallen von Ideologien gepaart mit medialer Beeinflussung und moderner Kriegstechnologie führte zu einem Krieg beispielloser Unmenschlichkeit. Noch heute, vierzig Jahre später, können Spuren des Krieges in Vietnam oder Ost-Laos angetroffen werden.

Manchmal, wenn ich in Vietnam irgendwo neben einem Gemüsemarkt an einem Jasmingrüntee nuckelte und mit älteren Menschen zusammensass, konnte ich das Gespräch auf die Kriegsjahre lenken. In Vietnam sprechen die älteren Intellektuellen noch Französisch und klauben mit Stolz in ihrem antiken Sprachschatz rum.

Ich hatte immer etwas Vorbehalte, über den Krieg zu sprechen. Waren da noch Wunden, auf die ich in Unachtsamkeit Salz streute? Es erstaunt, aber ich kam zu dem Punkt: nein. Die Ostasiaten verstehen es ganz ausgezeichnet, Vergangenheit als Vergangenheit stehen zu lassen.

In einem Tempel steht der einfache Spruch: Vergangenheit ist nurmehr Erinnerung, Zukunft ist reine Spekulation - doch die Gegenwart hat alles Mystische inne. Der Tempel besitzt, wie viele andere buddhistische Tempel, eine Tempelglocke, welche aus einer riesigen Fliegerbombe geschweisst wurde. Von einer B 52 abgeworfen, war das Ding wohl ein Blindgänger. Manchmal kann es einen weit führen, ein Blindgänger zu sein…

Es war anfangs des Jahres 2003, und ich reiste nach Ost-Laos, Phongsawann. Die Gegend grünt ganz hübsch… heute. Wer die Schwarzweiss-Fotos aus den Siebzigerjahren sieht, glaubt eher an Weltuntergangsszenarien. Quadratkilometerweise verbrannte Erde. Riesige Kraterlandschaften, tonnenweise Bombenteile, nur schwarze tote Erde.

Offiziell war Laos am Vietnamkrieg gar nicht beteiligt. Das hat jedoch die US-Truppen nicht daran gehindert, pro Einwohner 500 Kilogramm (!) Bombenmaterial auf die Gegend herunter regnen zu lassen.

Beim Spazieren durch die Wiesen und Waldstücke musste man noch einige Vorsicht walten lassen. Noch lagen nichtdetonierte Blindgänger irgendwo lauernd in der Erde, alle paar Monate erwischte es mal eine grasende Kuh. Das meiste Material wurde jedoch gesammelt und neben der kleinen Flugpiste gelagert. Ein Metallberg von mehreren hundert Metern Länge erstreckte sich neben der Flugpiste.

Besonders mochte ich die kleine Haushaltswarenfabrik im Städtchen. Hier wurde das Aluminium aus Flugzeugteilen wiederverwertet und Suppenlöffel gepresst. Die Laoten löffeln damit die Suppe der Vergangenheit selber aus. Wer sich fragt, wie man aus Schwertern Pflugscharen macht, sei willkommen und kaufe sich zur Anregung ein paar Suppenlöffel.

Abends spazierte ich auf dem Hügelkamm nahe dem Städtchen und sinnierte über den Unsinn des Krieges, als ich plötzlich ein anschwellendes Geräusch mehrerer Helikopter-Rotoren wahrnahm. Wenig später sah ich sie: Zwei schwere Militärhelikopter, grosse Mannschaftstransporter. Sie flogen nahe über den Hügeln und schienen das Hügelland zu umkreisen. Das kam mir doch äusserst merkwürdig vor. Vom laotischen Militär waren die Dinger auf keinen Fall. Ich eilte ins Städtchen hinunter. War in der Bevölkerung Panik ausgebrochen? Was war da los? Aber alles schien so zu sein wie immer.

Abends traf ich mich mit Will auf ein Bier. Der alte Brite hatte lange Jahre für die UN gearbeitet. Natürlich sprach ich Will auf die zwei schweren Helikopter an. "Ja, die kommen mal alle paar Wochen. Sind von den Amerikanern. Siebzehn Jungs. Suchen den Urwald ab, nach Kriegsgefangenencamps", meinte er gelassen und nahm einen Schluck aus der Bierflasche.

Was bitte?! Der Typ hatte eindeutig zu viele Rambo-Kriegsfilme gesehen. Oder vielleicht hatte er mal wieder eine Malaria-Episode. Soll ja vorkommen. Will sah wohl meinem langen Gesicht an, dass ich sowas nicht glaubte.

"Doch, ganz ehrlich! Die sind nicht offiziell von der Armee hier. Das sind quasi pensionierte Offiziere, die bilden eine Privateinheit." Ja aber … wozu denn?? "Weisst du, die Sache ist die: Im Vietnamkrieg hat man gut zweitausend US-Soldaten nicht mehr finden können. Meist waren das Fliegerpiloten, die sind irgendwo abgestürzt. In Amerika glauben ein paar

Angehörige und Veteranen aber immer noch daran, dass es versteckte Kriegsgefangenenlager in den Bergen gibt. Diese Leute sammeln Geld, viel Geld. Und ja - dieses Geld muss zweckgebunden ausgegeben werden."

"Haben denn die mal irgend so ein Camp gefunden, ich meine in den letzten fünfzehn Jahren oder so?" fragte ich konsterniert.

"Nö, würde mich auch unendlich wundern", meinte Will trocken und goss sich etwas Bier nach. "Manchmal fanden sie Flugzeugteile oder Gebeine oder so. Gibt's aber kaum mehr. Der Urwald ist nicht grad zimperlich."

Ich schwieg und nuckelte nachdenklich an meinem Bier. Dann fragte ich mit leiser Stimme, mehr zu mir selber als zu Will: "Und wer sucht die gut 300'000 Vietnamesen, welche im Krieg verschwunden sind?"

Das war eine eher dumme Frage. Aber ich lernte allmählich: Dem Menschen sind in vielen Belangen Grenzen gesetzt. Nur mit der Dummheit verhielt es sich da irgendwie anders.

Ein armer Hund

Die aufsteigende Sonne schien noch nicht über die Gipfelränder des Himalaya -Bergmassives der Annapurnakette. Golden leuchteten die schneebedeckten Kappen des Ganeshhimmalgletschers linkerhand aus erhabener Höhe. Sie waren die ersten, welche das erwachende Licht der aufgehenden Sonne miterleben durften. Ich machte mich trotz eisigen Temperaturen auf den Weg. Heute war die Tagesetappe lange und unerbittlich. Ein Anstieg von eineinhalb tausend Höhenmetern stand bevor. Viele Herbergen oder Dörfer würden mir auf dem Wege nicht begegnen, und so hatte sich das Gepäck durch das zusätzliche nötige Mitführen von Wasserreserven und Essbarem auf ein stattliches Gewicht erhöht. Nichtsdestotrotz war mein Pilgerwille ungebrochen, und so stampfte ich festen Schrittes aus der kleinen Dorfsiedlung bergwärts, ein steiler Anstieg stand bevor. Nach der ersten halben Stunde wurde das Dämmerlicht durch das klare Licht des erwachenden Morgens abgelöst. Die kalte Luft pfiff mir durch die keuchenden Lungenflügel, während ich mich immer höher dem Pfad nach an einer markanten Felskante entlang hinaufarbeitete. Dann ein grossartiger Ausblick. Auf einem kleinen Felsvorsprung setzte ich meinen Rucksack ab und schaute in die Tiefen des Manangtales. Der erste Anstieg war geschafft, weit unter mir sah ich die kleine Siedlung, welche mich letzte Nacht beherbergt hatte. Die ersten gemolkenen Yaks verliessen bereits die Siedlung, um tagsüber in den Rhododendronwäldern rumzustreunen.

Nach der kurzen Pause schulterte ich wieder meinen Rucksack und musterte den Weg. Ich musste auf einem schmalen Felspfad voran. Die Dorfbewohner des obersten Dorfes hatten ihn wohl aus dem Fels gehauen, um mit den Mauleseln entlangzukommen. Durchaus stabil, war er jedoch stellenweise kaum eine Elle breit. Rechterhand ging es schwindelerregend senkrecht in die Tiefe. Der gefrorene Tau auf dem felsigen Untergrund machte die Sache auch eher rutschig, und so balancierte ich ziemlich steif um die nächste Felskurve herum. Da sah ich, dass etwas grosses Pelziges auf dem Pfad lag und mir den Weiterweg versperrte.

Vorsichtig bewegte ich mich näher. Es war ein riesiger Himalayahund. Zottlig wie ein Bär, voller Blut, zuckend. Ich erstarrte in der Bewegung. Er schien noch zu leben. Sollte ich über ihn hinweg steigen? Ihn da liegenlassen? So tun als wär ich rein zufällig vorbeigelaufen und hätte ihn gar nicht bemerkt? Mein Herz liess es nicht zu. Nur *er* war hier... und *ich*. Niemand sonst konnte ihm helfen, sein Leiden zumindest verringern. Doch, *was* sollte ich tun?

Ich blickte mich um, weiter vorne war ein ziemlicher Felsbrocken auf den Weg gefallen. Vielleicht konnte ich mir den holen, heranschleppen, mit aller Kraft hochstemmen und dem armen leidenden Tier über den Schädel schlagen, nur einmal, das musste sitzen, und den Kadaver dann über die Felskante schieben?... Der Gedanke daran liess meine Augen feuchtwerden. Ich konnte den gefährlichen Pfad nicht mehr genau bemessen und sass neben dem riesigen Hund zu Boden. Naja, dachte ich, zuerst versuche ich ihm mal was zu trinken zu geben. Und so öffnete ich die Wasserflasche und träufelte sorgfältig ein paar Tropfen in seinen röchelnden Rachen. Und da... erwachte er.

Seine grossen Augenlider hoben sich, der Kopf drehte sich und seine Augen schauten klar und voller Erstaunen in die meinen. So was hatte er ja noch nie erlebt! Da war er doch die ganze Nacht auf der Jagd gewesen, hatte sich endlich ein Tier gerissen (zugegeben, die Sache wurde etwas blutig), hatte all den Bergdämonen mit Kraft und Mut getrotzt. Und da lässt man sich mal endlich zu einem Nickerchen nieder, träumt gerade was Schönes - da wagt doch so ein komischer zweibeiniger Kerl, einem kaltes Wasser in den Mund zu spritzen! Sein Erstaunen war bei weitem grösser als der Ärger. Noch immer starrte er mich unsicher an, knurrte kurz unwillig, erhob sich langsam, leckte seine blutverschmierte (und neuerdings auch nasse) Nase.

Ich brach in ein schallendes Lachen aus, wälzte mich neben ihm auf dem Boden. Tränen der Erleichterung netzten meine Wangen. Wie unglaublich schwer wäre es mir doch gefallen, dem stolzen Tier einen Stein auf den Schädel zu schlagen! Ungläubig verfolgte er das Szenario, schüttelte seine Mähne. Nochmals schaute er mich prüfend an, nunmehr freundlich, gab dann den Weg endgültig frei und trottete dem Felsband in Richtung des Dorfes...

Oh du fröhliche, gnadenbringende Weihnachtszeit

Wir schrieben das Jahr 1995, und Kambodscha war offiziell im Kriegszustand. An Weihnachten stieg ich beim grossen See in der Hauptstadt ab. "Welchen See?" werden Reisende der Neuzeit sich fragen, die in Phnom Penh waren. Ja, es gab da mal einen hübschen grossen See. Er war ein Herzstück der Stadt, und abends, wenn die Fischer auf ihren Holzbooten die Netze auswarfen und der Muezzin vom Minarett der östlich gelegenen Moschee rief, spiegelte sich die untergehende Sonne blutrot auf dem fischreichen Gewässer. Heute sucht der Besucher den See vergeblich. Eine chinesische Baufirma hat ihn gekauft, leergepumpt und trockengelegt. Es entsteht eine Megacity in der City, mit geplanten achtundvierzig Hochwohnblöcken und einer riesigen Shoppingmeile, in der man sich nicht nur shoppingtechnisch verlieren kann. Der Glanz des Geldes soll hier wirklich glänzen.

Nun, die Geschichte spielt also in einer grauen Vorzeit, und auch sonst haben die Ereignisse natürlich keinen Zusammenhang mehr mit der friedlicheren Welt von heute.

Um Weihnachten stieg ich also beim grossen See in der Hauptstadt ab. Gerade kam ich vom östlichen Teil des Landes zurück und war ganz froh, mal wieder ein richtiges Dach über dem Kopf zu haben. Das Guest-House war zwar schäbig, die engen Zimmer voller Mücken, und die Matratzen hätte man lieber nicht berührt. Doch was durfte man erwarten - für zwei Dollar. Die Lage war einfach umwerfend, das Holzhaus stand auf Stelzen und hatte eine Holzveranda am Wasser. Abends war süsses Nichtstun in der Hängematte angesagt, die Ausgangssperre liess keine Optionen für ein wildes Nachtleben offen.

Im Guest-House fanden sich um diese Jahreszeit alle möglichen Rucksackreisenden ein, vom Anthropologen bis zum Junkie, von den gestrandeten Althippies bis zu den neuzeitlich amerikanischen Abenteurern mit grossen Fotoapparaten.

Es war Heiligabend. Und so begab es sich, dass wir alle zusammen ganz friedlich auf der Veranda am See sassen, und bei trübem Glühbirnenschein wurde eine Flasche Thaiwhisky geöffnet. Der Kerzenschein verlieh gar etwas feierliche Stimmung. Wir versuchten in Weihnachtsstimmung zu kommen. Es war ein Abend, an dem man mit Wehmut an den fetten Weihnachtsbraten zuhause dachte und an den Duft von Tannennadeln. Jeder erzählte, wie er daheim Weihnachten erlebte. Es war oft ein friedliches Zusammensein mit gutem Essen, viel Alkohol und einer grossen Erschöpfung nach dem vorweihnachtlichen Einkaufsstress. Und es ging um Geschenke, solche die man mochte, und solche die man nicht unbedingt wollte.

Die Whiskyflasche war schon leer, als ein paar Strassen hinter der Moschee das Stakkato einer Kalaschnikow unsere friedliche Stimmung urplötzlich zerfetzte. Erstarrt schauten wir uns an und lauschten. Eine andere Gewehrsalve schien zu antworten. Ein Konzert des Unfriedens ging los, welches zu unserem Entsetzen näher zu kommen schien. Es wurde Zeit abzutauchen.

Wir rafften die Sachen auf dem Tisch zusammen und bliesen hastig die Kerzen aus. Der Hausbesitzer scheuchte uns in die Zimmer, verbarrikadierte Türen und Fenster und drehte die Glühbirnen heraus.

Ich lag auf der Matratze und lauschte dem Shootout. Mittlerweile mussten die verfeindeten Trupps in die Nachbarstrasse vorgerückt sein. Mich schauderte beim Gedanken an die Dicke der Wände des klapprigen Holzhauses und die Durchschlagskraft einer AK 47-Kugel.

War das Weihnachten?, sinnierte ich vor mich hin. Ja, das war Weihnachten. Nichts mit belullendem Konsum und vermeintlich heiler Welt. Das war Realität - für so viele Menschen auf unserer Erde. Wir aus dem Westen liefern auch noch die Geschenke zur Bescherung. Deutschland gehört zu den grössten Waffenexporteuren der Welt. Geschäft ist Geschäft - und geht es der Wirtschaft gut, so soll es ja angeblich allen gutgehen - angeblich.

Vielleicht sollte es an Weihnachten weniger um Geld gehen. Dann wäre sie mit Sicherheit für viele Erdenbürger friedvoller. Und diese könnten vielleicht den Kerzenschein ohne Furcht bis zum Ende des Abends geniessen…

Ein Beinahe-Flugzeugabsturz im Urwald

Die Turbinen röhrten und lärmten, das Fahrgestell schien zum hundertsten Male ein- und auszufahren. Nicht weit unter uns der Urwald, in der Vollmondnacht gut sichtbar. Irgendwas stimmte mit diesem Vogel nicht, definitiv.

In Bangkok hatten wir das ältliche chinesische Flugzeug des Typs Boeing (-Copy) gegen Mitternacht bestiegen. Ich war unterwegs in ein Theravadakloster in Myanmar, um unter der Obhut des bekannten Lamas Changmyay Sayadaw die Vipassana-Meditation zu erlernen. Nun ja - viel hatte mich das Flugticket nicht gekostet. China Airlines hatten mit Abstand die günstigsten Flüge im Angebot. Durch die schwierigen Visarestriktionen der Militärdiktatur in Myanmar war es denn auch nicht ganz einfach, legal in dieses Land einzureisen. Und so war der Flieger zu gut zwei Drittel leer.

Wir waren schon über eine halbe Stunde unterwegs, der Eisenvogel flog immer noch in niederer Flughöhe, der Motor des Fahrwerkes schien dauerhaft zu arbeiten und die Landevorrichtung ein- und aus zu fahren. Irgendwas war hier nicht in Ordnung, dachte ich besorgt. Dann begann das Flugzeug eine Schleife zu ziehen, schien die Richtung zu ändern. Die Durchsage des Flugkapitäns bestätigte meine Wahrnehmung: Wir hätten ein technisches Problem, seien zur Umkehr gezwungen. Der Vogel versuchte an Höhe zu gewinnen, schraubte sich fast krampfhaft schräge in die Luft, um dann wenig später wieder abzusacken. In der Nachtluft sah ich, wie das Kerosin über dem Urwald abgelassen wurde, und mir war die Sache nicht lieb, war ich doch Teilzahler dieser Umweltverschmutzung. Doch es schien ein ungewöhnlicher Fall zu sein. Die Stewardessen, welche vorher bleich und rastlos auf den Gängen hin und her gewieselt waren, waren nun gar nicht mehr erblickbar. Die Sache schien langsam ungemütlich zu werden.

Plötzlich ein lauter Knall, ein markdurchdringendes metallenes Kreischen von der rechten Flugzeugseite, die Turbine spuckte einen Funkenregen, Rauch schien aus ihr auszufliessen. Im Flugzeuginnern begann es zu piepen und zu blinken, das Flugzeug schien in leichte Schräglage zu geraten. Nun dämmerte es auch den letzten Fluggästen, dass es sich hier nicht um ein reines

Flugvergnügen handeln konnte. Der hinterste Stuhlschläfer war hellwach geworden. Die Schreckenslaute wichen unterdrücktem Schluchzen, man hörte panisches Murmeln, Beten…

Endlich, Lichter unter uns. Bangkok war in der Nähe. Mit wenigen hundert Metern über Boden näherten wir uns dröhnend und mit einer funkenspeienden Turbine der Flugpiste. Das Fahrgestell schien sich einen letzten Ruck zu geben und war recht gut ausgefahren. Wir setzten auf einer einsamen Aussenpiste auf, in einem Lichtermeer von Feuerwehr und Ambulanzfahrzeugen.

Eine halbe Stunde später in der Flugplatzhalle wurden wir uns unseres Schicksals bewusst. Der Kapitän und der Copilot erschienen, mit einer Wolldecke über den schweissnassen Hemden, und wurden von den Passagieren sofort umrundet. Die etwas zittrige Rede des Piloten machte uns allen klar: Dieser 9. Oktober war unser aller zweiter Geburtstag…

Zweieinhalb Stunden später. Die Menschen wurden unruhig. Wir sassen noch immer in der Flughalle, auf den unbequemen Plastikschalensesseln und in Wolldecken eingewickelt. "Kriegen wir denn hier nichts zu essen?" fragte ein Passagier den Nachbarn. Ein anderer Passagier meinte, man hätte doch zumindest etwas zur Unterhaltung aufstellen können, vielleicht einen Fernseher oder so. Das Airline-Bodenteam informierte uns wenig später, dass der Vogel unreparierbar sei, und es leider bis zum anderen Morgen kein Ersatzflugzeug geben werde. Da wurden die Stimmen laut. Man verlangte nach Catering, Hotelübernachtungen, Entschädigungszahlungen. Das Airline-Personal versuchte sein Möglichstes, die Fluggäste zu besänftigen und zu versorgen. Zu den Frühlingsrollen und den verschiedenen Snacks wurde sogar eine Kiste Bier organisiert. Nichtsdestotrotz, die Stimmung war hinüber. Es wurde gemault und sich beschwert, die Diskussionen wurden zu Streitereien, die Stimmung angeheizt durch heftige Wortgefechte mit dem Flughafenpersonal. Ich zog mich langsam in eine Ecke der Halle zurück, saugte an meiner Frühlingsrolle, und musterte traurig das Geschehen. Nun wären wir doch allesamt beinahe im Urwald den Käfern verfüttert worden. Um Haaresbreite. Ein weiteres Leben ward uns, wohl mehr durch unglaubliches Glück oder Schicksal als durch Wahrscheinlichkeit, geschenkt!

Sollten wir dafür nicht tiefe Dankbarkeit empfinden? Demut vor dem Leben? Woher kam nur diese Streitlust?

Die Menschen waren wieder ganz Mensch: Sie referierten selbstgerecht, forderten, quengelten, stritten, dominierten. Wie schnell das Vergessen doch vorwärtsschritt.

Einige Wochen später im Urwaldkloster in Mauwi. Ein befreundeter Mönch deutete mir, ihm zu folgen. Wir schritten langsam den Waldpfad entlang bis zu seinem Bambushäuschen. Der Mönch deutete auf die Grasmatte vor seiner Eingangstüre. Ein grosser pyramidenförmiger, perlenhaft schillernder Haufen war auszumachen. Es war eine eingeringelte Königsschlange, welche sich eine grosse Gecko-Echse erjagt hatte. Die Echse ruhte oft an der Nordwand meines Häuschens. Gerade gestern noch hatte ich ihre plumpe Schönheit bewundert. Es war ihr letzter Tag gewesen.

Die gepanzerte Schlange hatte sich wie ein Gartenschlauch zusammengelegt, um ihren Kopf über die grosse Echse zu stülpen, welche inmitten dieses Bündels festgehalten wurde. Es würde Stunden dauern, bis sie ihren Kopf mit dem ausgehängten Kiefer über diesen fast taubengrossen Körper gestülpt hatte. Und es würde nochmals Tage bis Wochen dauern, bis dieser Geko verdaut war. Nur eine Königsschlange konnte so ein Reptil überhaupt verdauen.

Wir schauten der Szene eine Weile aus respektvoller Entfernung zu. Der Mönch zwinkerte mir bedeutsam zu und meinte: "Das ist Vergänglichkeit."

Der Aufschneider

Heute wollte es nicht so vorangehen mit der Busreise. Ich hatte in der Nacht Unterschlupf in einem Kloster gefunden. Der buddhistische Abt war ein herzensguter Kerl und schlurfte am Morgen sogar selber noch ein Stück weit mit mir zur Ueberlandstrasse, wo ich auf einen vorbeikommenden Bus aufspringen konnte. In dieser Gegend im Norden Burmas gab es nicht viele Busse, und so wurde meine Geduld etwas auf die Probe gestellt.

Als der Bus über die Bergkurven herunter geröchelt kam, war er ziemlich gefüllt und konnte nur mit einigen Mühen anhalten. Ich fand noch bei den jungen Männern auf dem Dach zwischen den Fahrrädern Platz und liess genüsslich den Morgenwind durch meine Haare streichen. Das ersetzte fast eine morgendliche Dusche.

Doch zwei Stunden später kam auch die Dusche. Ein Gewitter zerriss die dunklen Wolken, und Tropenregen peitschte auf uns nieder. Er dauerte nur wenige Minuten, aber in den burmesischen Bergen war die Wassermenge dieser Himmelsgabe enorm. So steckten wir wenig später fest. Ein reissender Fluss hatte sich vor uns aus dem Nichts aufgetan und schoss über die Strasse. Für die Burmesen war dies nichts Ungewöhnliches. Der Verkehr kam beiderseits des Stromes zum Erliegen, und man machte es sich am Strassenrand gemütlich. Wie lange denn das so dauern würde, fragte ich in die Runde. Zwei bis drei Stunden lautete die einheitliche Antwort. Dann wäre der Wasserstand so tief, dass die schweren Lastwagen es wagen konnten.

Tatsächlich war die Zeitschätzung nicht falsch gewesen. Nach drei Stunden wurde die Stimmung hektischer, der Wasserstand sank. Man schaute sich nach dem passenden Testfahrzeug um, welches die Pioniertat wagen sollte. Die Fahrer stimmten für einen alten Lastwagen, welcher mit Sand beladen war. Blieb der stecken, konnte nicht viel Schaden entstehen. Der Fahrer selber zögerte. Er bekam schliesslich nichts dafür, sollte das Wagnis schiefgehen. So wurde wieder gewartet. Einem Bauern aus dem nahen Dorf schien die Geduld knapp zu werden. Er hatte einen neuen Rapid. Das war zwar ein starkes Gefährt mit Zugmotor, hinter dem der Fahrer im Freien auf einem Stühlchen sass; jedoch hatte es kleine Räder und war ungeladen ziemlich leicht. Eben ein Fahrzeug für den Acker und die Felder. Kein Vergleich zum Lastwagen! Die kleine Ladefläche aus Holz war nebst ein paar Holzpfählen leer. Der Bauer hatte beim Warten die Bewunderung der Umstehenden für sein neues Gefährt sichtlich genossen. Nun stach ihn wohl der Haber. Zum Schrecken aller vernünftig Wartenden startete er seinen Motor, gab mit selbstgefälligem Siegerblick Vollgas und raste in die Wasserfluten. Ein Schreckensmoment - doch tatsächlich, das neue Gefährt wuselte sich, bis zur Kühlerhaube im Nass, durch den Wasserstrom.

Triumphierend hielt der Bauer auf der anderen Flussseite an und rief breitspurig in die Runde: "Seht ihr jetzt, ihr Feiglinge, seht ihr's!"

Der Teufel machte heute wohl keinen Urlaub und schien den Mann am Nacken zu haben. Um der Sache eins drauf zu setzen, hackte der Bauer den Rückwärtsgang rein und startete mit der Ladefläche voran nochmals Vollgas durch die Fluten.

Es kam nicht gut. Er war noch nicht bis zur Mitte des Stromes gekommen, da wusch es ihn mit dem Gefährt weg, wie ein Holzfloss auf dem Wasserfall. Sekunden später waren Mann und Gefährt verschwunden. Die Umstehenden schauten sich voller Schrecken an und eilten zum Abhang, spähten hinunter. Da hing er, der Bauer, in einem Baum. Gottlob schien er unverletzt. Und daneben, in einer anderen Baumkuppe, hing sein neues Gefährt. Naja, *neu* war es vielleicht noch - aber bestimmt nicht mehr *neu*wertig...

Wer lenkt das Schiff?

Bangladesch. Gemächlich blubberte der braune Strom des Flusses unter unserem Fährschiff. Die alte Fähre schien schon einige Jahrzehnte auf den Planken zu haben, und die Reeling wurde wohl hauptsächlich von Rost zusammengehalten. Rötlichgolden schimmerte der breite Strom im Abendlicht. Mangrovenbäume säumten das Ufer. Die flache Ladefläche des Fährschiffes war vollgeparkt mit kleinen Lastwagen, verbeulten Dreiradtucktucks und Motorrädern. Auf dem Boot wurde eifrig geschwatzt und die Zeit bei einem gemütlichen Miteinander genossen.

Das andere Ufer rückte in greifbare Nähe, und bald stand das Anlegen am Stege bevor. Ein paar eingerammte Holzstämme sollten dem Fährschiff Halt bieten, damit es seine lottrige Ladeklappe aufs lehmige Ufer ausfahren konnte. Es schien sich also bald etwas zu tun, und so bewegten sich die Passagiere zur Spitze der Fähre, um mit bengalischer Neugierde das Geschehen mitzuverfolgen. Ein kleiner Angestellter der Fährgesellschaft hatte die Aufgabe, das Schiff einzuweisen. Da er recht kleinwüchsig war, richtete er die bereitgestellte Plastikkiste zurecht und kletterte darauf, damit ihn der Kapitän besser sehen konnte. Dann begann er stolz mit dem Einweisen. Wie ein Dirigent bewegte er seine Arme auf und ab, ruderte und winkte, malte Bilder und Skizzen in die Luft. Eigentlich viel zu früh, es konnte schon noch ein Weilchen dauern bis zum Ufer…

Die Fahrgäste bildeten einen Kreis um ihn herum, und der kleine Mann schien seine Macht über das grosse Stahlungetüm und das Interesse der umstehenden Leute sichtlich zu geniessen.

Tja - sowas kann Neid wecken. Ein Mann aus der Masse schob sich hervor. Er war gut gekleidet und schien auch gebildet. Er plusterte sich neben dem Einweiser auf der Kiste auf, sprach ein paar Worte zu ihm, der Einweiser wurde unsicher, schaute etwas zweifelnd rüber zum Steuerhaus, schaute wieder in die Massen. Der gutgekleidete Mann sprach nun voll Wichtigkeit zum umstehenden Volk. Er sei Anwalt, habe lange Jahre die beste Universität in Chittagong besucht. Zum Wohle aller werde er heute den Job des Einweisers übernehmen.

Ein erstauntes und neugieriges Raunen ging durch die Massen. Flugs schob der Anwalt nun den kleinen Einweiser von seiner Plastikkiste runter und begann dann, wie ein grosser Dirigent, mit der Ouvertüre seines Fährschiff-lenk-Konzertes.

Seine Idee kam jedoch einem anderen Mann, einem älteren Herrn mit wehendem Barte und dicker Brille, gar nicht ungelegen. So verging denn auch keine Minute, der alte Mann plusterte sich neben dem dirigierenden Anwalt auf, sprach ein paar ernste Worte zu ihm; und genauso schnell wie der Anwalt aufgetaucht war, tauchte er in der Menschenansammlung wieder ab. Das Zepter hatte nun der Alte mit dem wehenden Bart übernommen. Das sei ein berühmter Arzt, raunte mir ein Beistehender zu. Die Aufmerksamkeit der Passagiere erreichte nun ihren Höhepunkt, und mit ziemlichem Tempo näherte sich der Landesteg.

Es erstaunt wohl nicht, dass das Ende der Geschichte eher unrühmlich und abrupt vonstatten ging. Natürlich war der Arzt kein eingefleischter Navigator, sein Gefuchtel hinfällig - nur dienlich zur allgemeinen Belustigung. Das Schiff rammte Momente später mit Krachen die Holzbalken des Landestegs.

Das alte Fährschiff, wohl noch ein vergessener Asset der englischen Kolonialherren, hatte mit Sicherheit schon bessere Tage gesehen.

Sprunghafte Erfahrung

Ich war etwas vorsichtiger geworden. Nicht dass ich etwa kein Tierfreund bin. Doch die letzten Tage kamen auch einige unliebsame Gäste in mein Bambushaus.

Ich hatte ein kleines Häuschen nahe dem Strand in einer Fischerbucht auf der thailändischen Insel Koh Pangan. Nicht im Rummel der Touristen, sondern abgeschieden friedlich und geeignet, etwas der Kontemplation nachzugehen. Der Besitzer, Jack, kochte jeweils abends frische Gerichte aus seinem Tagesfang. Er war Fischermann und lief jeweils frühmorgens mit seinem Boot aus. Je nach Fangerfolg liessen sich die feinen Thaicurries absolut sehen und schmeckten himmlisch.

Ich war eine Weile hier. Die Regenzeit hatte eingesetzt, und das machte es schwerer, sich fortzubewegen. Der Pfad zum Dörfchen war eine Lehmstrasse, und einmal sank ich auf meinem geländetauglichen Motorrad bis über die Knie ein und blieb mit laufendem Motor bergauf stecken. Wären mir die Einheimischen nicht zu Hilfe geeilt und hätten mich zu sechst aus dem Schlamm gezogen - ich wäre nicht entkommen.

Noch etwas brachte der viele Regen mit sich: Mein Bambushäuschen war an Bäume angebaut worden, und verschiedene, eher wasserscheue Tiere suchten denn auch ein trockenes Plätzchen in meinen kleinen vier Wänden. Das erkannte ich eines Tages auf dem Klosett. Ich wollte mich gerade im Halbdunkeln darauf setzen, als ich in der Bewegung erstarrte. Meine Toilettenschüssel war doch weiss! Jetzt war sie aber schwarz gewesen?! Bei genauerem Hinschauen sah ich einen Ameisenstamm über meinen Entsorgungsplatz ziehen, wie ein grosser schwarzer Teppich. Der stille Ort war in Bewegung!

Auf der Veranda hatte ich mir aus einem Tuch eine Hängematte gebastelt. Es war einfach fantastisch, abends die Seele baumeln zu lassen und vor mich hin zu sinnieren. Es entging mir nicht, dass eine ziemlich lange Baumschlange im Strohdach Unterschlupf gefunden hatte. Sie war mir willkommen. Diese Spezies war ungiftig und sorgte für etwas Ordnung im kleinen Häuschen.

Es war eines Nachmittags, als mich ein Geräusch aus dem Innern des Häuschens weckte. Ich lag gerade dösend in der Hängematte und erwachte. So öffnete ich die Türe und schaute im Bungalow umher. Da war es nochmals, ein ziemlich lautes Rascheln. Es kam von der hinteren Wand, wo ich meinen Rucksack abgestellt hatte. Knabberte da eine Ratte etwa mein Tagebuch an? Vorsichtig schlich ich mich die paar Meter zu meinem Rucksack. Dann hob ich ihn etwas von der Wand weg und lugte dahinter. Ein kräftiger Gecko (Echsenart) sprang hinter dem Rucksack hervor. Geckos fressen Insekten und waren mir ebenfalls willkommene Mitbewohner. Ich stellte also den Rucksack wieder beruhigt an die Wand und hob meinen gesenkten Kopf... da erstarrte meine Bewegung. Auf dem kleinen Seitenbalken an der Wand hatte sie sich zum Angriff aufgerichtet: Eine giftige gelbe Bananenschlange. Eine Handbreit von meiner Nase entfernt. Ich starrte ins Antlitz des Todes - und der schien bereit zuzuschlagen.

Was nun folgte, gibt mir bis zum heutigen Tage Fragen auf. Ich konnte im Moment dieser Bedrohung keine Entscheidung treffen. Suchte nicht nach einer Lösung. Mein Geist setzte einfach aus. Das nächste, was ich bewusst wahrnahm, war, dass ich draussen rücklings vor meinem Häuschen im Sand lag.

Wie ich dahin gekommen war, ist mir bis heute ein Rätsel. Ein Geheimnis der menschlichen Evolution. Mein ureigener Lebensinstinkt hatte Kräfte mobilisiert, welche mich wie eine Faust Muhammad Alis von den Beinen gehoben und rückwärts durch den Raum und über die Veranda geschleudert hatten. Der Zustand der absoluten Bedrohung (angreifende Schlange =Gefahr), der Menschheit seit Jahrtausenden in neuronale Strukturen kodiert, hatte eine Urkraft zur Erhaltung meines Überlebens ausgelöst. Benommen blieb ich im Sand liegen, mehrere Minuten unfähig, irgendeinen Gedanken zu fassen.

Jack, der Fischermann und alte Haudegen, fackelte nicht lange. Die Giftschlange würde nicht mehr auftauchen. Ich versuchte, die Teile des Erlebten zusammenzusetzen. Unter anderem entlehnte ich beim Schneider im Dorf ein kleines Messband und vermass meinen Rückwärts-Weitsprung. Er mass vier Meter vierzig. In meiner besten Leichtathletik-Zeit hatte ich vier Meter vierzig geschafft: Aber mit Anlauf - und vorwärts!

Dieses Erlebnis habe ich mit Wissenschaftlern diskutiert. Ein Neurologe meinte dazu, solche Phänomene gäbe es auf jeden Fall. Ist dies beruhigend oder erschreckend? Jedenfalls: Unterschätze nie das Potential, das tief in dir schlummert. Eines Tages könnte es erwachen!

Mittagessen im Dschungel

Sikkim, im Frühjahr 2005. Das Gebiet war nach meinem Geschmack. Was für wunderbare vielfältige Täler, welche sich da meist dicht bewaldet aneinanderschmiegten! Ich war als Wanderer unterwegs, von einem Dorf zum nächsten. Meist fand man in den Siedlungen einfache Gästehäuser und lokale Restaurants. Man wanderte einfach los, den Hügelketten entlang. Musste ab und zu in ein Flusstal hinunter und auf einem Baumstamm balancierend den Strom überqueren. Wieder rauf durch den Dschungel, vorbei an den Maisfeldern der Bauern und immer wieder gelangte man zu buddhistischen Tempeln, auf Hügelkuppen wohl situiert. Zugegeben, es gab ein paar Unannehmlichkeiten. Schwadronen von Mücken, Giftkriechtiere, und nicht zu vergessen die zeigefingergrossen Blutegel mit der gelben Rückenzackung. Sie liessen sich gekonnt von den höheren Grüngewächsen niederfallen und fanden den Weg zielsicher durch die Kleidung des Urwaldbesuchers. Besonders nach den zeitweilig einsetzenden Tropenregen waren die Biester ziemlich blutgierig.

Am Morgen hatte ich den heiligen schwarzen See besucht. Eine wundersame Stimmung, verzaubert durch die frühmorgendlichen Nebel, lag auf dem dunklen See. Der See lag in einem engen Talkessel, gegen Süden durch Felswände abgegrenzt. Es herrschte eine unheimliche Stille am Ufer. Kein Tier war zu hören, keine Ente paddelte im Wasser, kein Fisch schnappte nach Morgenluft. Die Gebetsfahnen am Ufer liessen sich von den abziehenden Schleiern der Morgennebel streicheln und warteten unbeweglich auf die Sonnenstrahlen. Ich arbeitete mich auf dem Seitenpfad waldaufwärts. Irgendwo in der Höhe musste es eine Anhöhe mit einem Dorf darauf geben. Der Pfad war voller Tücken, und ich sollte mit Vorsicht aufwärts wandern. Es gab viele rutschige Steinplatten, Blutegel, und als ich einmal zu lange die Orchideen an einem morschen Stamm bewundert hatte, wäre ich beinahe auf eine schwarze kleine Schlange getreten.

Irgendwann gestaltete sich der Aufstieg sanfter, und plötzlich trat ich aus dem Wald heraus und war auf einer grossen Lichtung. Unweit entfernt standen ein paar Hütten aus Bambus. Es mochte wohl das kleine Dorf sein, wie es mir beschrieben wurde. Ein paar Hunde tollten herum, viel war nicht gerade los.

Die Menschen waren auf den Feldern. Ich schlenderte um die Hütten, als urplötzlich ein kleiner Mann in abgeschnittener Hose und löchrigen Gummistiefeln vor mir auftauchte. Er hatte eine grosse Machete am Gürtel, und seine langen Haare unter dem breitkrempigen Hut und die unrasierte Erscheinung liessen am ehesten auf einen Seeräuber tippen. Nur, hier gab es keine Schiffe. Zu meinem grossen Erstaunen sprach das berggnomenhafte Kerlchen fliessend Englisch! Ob ich gerne hier zu Mittag essen würde? Er hätte ein kleines Restaurant und würde liebend gern für Gäste kochen. Ich war für einen Moment wohl sprachlos, und er zog mich am Ärmel ein paar Meter weiter und zeigte auf ein handgepinseltes Schild an einem Bambushaus: "Resturante!" Er sah mir meine Unschlüssigkeit auf jeden Fall an und versuchte meine Bedenken zu zerstreuen. Er habe einmal als Koch für seine Heiligkeit den Dalai Lama gearbeitet, erzählte er voller Stolz und schaute mich mit leuchtenden Augen an. Ich verschluckte meinen Antwortsatz, der da geheissen hätte "und ich für den Papst". Beleidigen wollte ich niemand, schliesslich war ich ein Fremder in diesem Dorf.

Na gut. Was sollte ich schon tun. Viel zu verlieren gab es nicht, schliesslich war mein Notvorrat im Rucksack auch nicht gerade eine Gault Millau- Küche. Es ging gegen Mittag, und die Kletterei im Urwald hatte mich hungrig gemacht. So stimmte ich also zu, bestand auf Vegetarisch, und er erlaubte sich zwei Stunden für die Zubereitung der Mahlzeit. Zwei Stunden? Er werde die Sachen frisch pflücken - das brauche etwas Zeit, meinte er. Ich könne noch zum Tempel gehen und einen Rundgang durchs Dorf machen.

Das Dorf war nicht sehenswert. Es war einfach, die Menschen arm. Alle Kinder hatten irgendeine Form von Hautkrankheiten und Läuse. Die Tiere waren etwas mager, und die Hühnchen flatterten halbgerupft durch die schlammigen Gärten. Mehr als fünfundzwanzig Häuser gab es nicht. Der Dorftempel hatte schon bessere Zeiten gesehen, ein Teil des Daches war eingestürzt. Mit dem einzigen Mönch, einem schwerhörigen Greis, konnte ich mich beim besten Willen nicht verständigen. Ein Nickerchen in der Wiese überbrückte die Wartezeit. Dafür musste ich mir danach wieder einen Blutegel entfernen.

"Essen ist fertig, Sir", hörte ich den Ruf aus dem "Resturante". Ein Tischchen aus Bambus war bereitgestellt, und eine Kiste als Stühlchen. Ich machte es mir also bequem und hoffte insgeheim, dieses kulinarische Wagnis ohne langandauernden Durchfall bestehen zu können.

Es kam eine Suppe als Vorspeise. Ich musterte die Schüssel kritisch, aber sie war blank und es schienen weder Haare noch Insekten darin zu schwimmen. Ich kostete davon. Oh! Das war ein feines Rettichsüppchen mit Kräutern angemacht. Wer hätte das gedacht.

Was nun folgte, war eine Odyssee der kulinarischen Meisterklasse. Vor Staunen brachte ich kaum meinen Kiefer zurück in die Kauposition. Es folgte ein Farnsprossengemüse an einer Grünzwiebelsauce, ein Waldpilzauflauf, der jeden Champignons kochenden Amateur in eine Depression getrieben hätte, melierte Wildblumenblüten an Waldhonig, perfekter Wildreis mit Baumbeeren und ein süsser Maisauflauf an Wildbeerensauce zum Dessert. Dazu, wie lokal allgemein üblich, ein leichter selbstangebauter Grüntee als Getränk.

Buddha soll einmal gesagt haben: Widme dich der Liebe und dem Kochen mit ganzem Herzen! Hier hatte ich einen Meister vor mir…

Ungläubig wischte ich mir die letzten Krümel aus meinen Mundwinkeln und konnte die Welt nicht mehr begreifen. Auf seine aufrichtige Frage, ob es mir gemundet habe, konnte ich erstmal keine Worte finden. Er wusste aber, er hatte mich überzeugt. Dann kramte er in seiner Bambushütte und kam mit einem Foto des Dalai Lamas wieder. Mit etwas Wehmut erzählte er über seine jungen Jahre in Daramsalla, wo er als Koch angestellt gewesen war.

Natürlich entlohnte ich den Meisterkoch fürstlich. Ich hatte von ihm in den wenigen Stunden vieles lernen dürfen, unter anderem auch: den Menschen nie nach seiner ersten äusseren Erscheinung zu beurteilen!

Im Urwald mit Kongo-Müller

"Ja, tut mir wirklich leid für euch. Es geht nicht, ich kann nicht mitkommen." Ossi und ich schauten uns betroffen an. Ossi, ein Ostdeutscher mit langem Namen (und deshalb nannte er sich spasshaft selber Ossi), hatte ich in Nordburma getroffen. Wir beschlossen, die Urwaldwanderung gemeinsam unter die Sohlen zu nehmen. Natürlich brauchten wir einen Führer, und den hatten wir am gestrigen Abend sorgfältig ausgewählt. Ein einheimischer, freundlicher Hotelbesitzer, der die Bergdörfer kannte und gerne ein paar Freunde mit uns besuchen wollte. Doch unsere "Schatten" hatten uns die Suppe versalzen. Unsere Schatten, das waren Leute des Geheimdienstes. Sie folgten uns seit Tagen. Meistens sahen wir sie vom fahrenden Busdach aus, wie sie uns mit ihrem Wagen folgten. Es war immer eine Wucht, auf dem Dach der übervollen Lokalbusse von Ort zu Ort zu kurven. Bei den tropischen Temperaturen war dies besser als Aircondition.

Doch der schwarze Toyota folgte uns wie ein ferner Schatten. Seit wir sie aus Scherz einmal abgehängt hatten, waren sie uns noch bissiger auf den Fersen. Wir hatten die Mehrtagestour schon bezahlt und standen um fünf Uhr morgens auf der Hotelmatte, und jetzt das.

"Dann wird nichts aus unserem Trekking?" fragte Ossi enttäuscht.

"Doch doch, aber ihr müsst mit ihm gehen. Er hat eine *staatliche* Lizenz." Dabei wies der Hotelbesitzer auf ein schlacksiger Mann mit dicker Brille und Scheitel, der ein paar Meter neben uns auf einem Stuhl wartete. Uns dreien war klar: Das war ein Angestellter des Geheimdienstes.

"Ist das ein Risiko für uns?" fragte ich den Hotelbesitzer offen und schaute ihm in die Augen. "Nein", meinte er ernsthaft, "aber es wird etwas wenig Kontakt mit den Einheimischen geben. Die Route bleibt dieselbe."

Ossi wollte den Trip durchziehen. Na dann. Ich war dabei. Der schlaksige Typ schnappte sich also den Rucksack mit dem Lunch, und wir stiefelten los. Stiefelte war hier das richtige Wort, er hatte nämlich die Wanderschuhe unseres angeheuerten Führers angezogen (das bemerkten wir rein zufällig, der Hotelbesitzer hatte sie am gestrigen Abend angehabt), und die waren ihm zu gross. Er wollte sich jedoch auf Biegen und Brechen keine Blösse geben und hängte den erfahrenen Urwaldführer raus. So laberte er uns erstmals voll über den Trip - wohl genau das, was ihm der Hotelbesitzer erklärt haben musste. Uns hatte dieser es gestern nämlich auch erklärt.

Irgendwann wurde die Lehmstrasse zum Trampelpfad. Den staatlichen Führer packte das Urwaldfeeling. Er zeigte auf jeden Busch und jeden Spatzen und textete seine Wildlife-Theorien. Beim Geräusch einer Wildtaube warnte er vor den Affen. Er hätte so gerne Affen gesehen.

Mittags machten wir an einem kleinen See Pause. Er kramte in "seinem" Rucksack und verteilte die Lunchsäckchen. Dann suchte er im Rucksack nach Tellern und Besteck, fand sie aber nicht. "In Burma essen wir auf dem Land ohne Geschirr", klärte er uns auf und hievte den Rucksack wuchtig auf die Seite… da klapperte das Geschirr. "Ah, hatte ich es doch eingepackt"...

Nachmittags kamen wir durch die ersten Dörfer. Zuerst rannte jeweils unser staatlicher Führer rein, wedelte mit seinem Ausweis. Dann kamen wir, und die Dorfbewohner schauten uns freundlich distanziert zu, wie wir durchs Dorf marschierten. Unser Dschungelkrieger wechselte dann ein paar Worte mit ihnen - er fragte nach dem Weg.

Obschon sich der gute Staatsbeamte ja alle Mühe gab und die Rolle des Reiseführers krampfhaft zu perfektionieren suchte: In den Urwald gehörte er nicht. Sein weisses Hemd war denn auch bald durchgeschwitzt, und sein Jackett passte einfach nicht ins Landschaftsbild. Ich war überzeugt, in einer Innentasche würde eine knittrige Krawatte zu finden sein. Sein Auftrag musste überraschend gekommen sein. Er hatte weder Seife noch Klopapier noch Feuer oder Geld dabei. Die Schuhe waren geliehen. Einen Hut gegen die sengende Hitze hatte er vergessen. Kernstück seiner persönlichen Ausrüstung war ein Notizblock, auf den er in den Pausen beiläufig immer wieder etwas schrieb. Er wich uns nie von der Seite, nicht mal auf dem stillen Oertchen. Eigentlich war er ganz liebenswert, aber vom Urwald hatte er - im Gegensatz zu uns zweien - keinen blassen Schimmer. Wieso hatte die Militärregierung gerade so einen Intellektuellen auf uns angesetzt? Wir stellten uns allgemein dümmer als wir waren, und so liessen seine Antworten auf unsere Fragen auf einiges schliessen. Ossi und ich waren uns bald sicher, der Typ hatte mal in Berlin gelebt und konnte Deutsch. Das hätte er zwar auch unter Folter nicht zugegeben. Wir beide sprachen zusätzlich Französisch. Das verwirrte Kongo-Müller und verunsicherte ihn total. So konnten wir unsere Theorien auch offen diskutieren, wenn der Typ dabei war. Das war er ja immer.

Jedenfalls, er war unbewaffnet. Und ein irgendwie doch sympathischer Typ. Aber in den Urwald gehörte er definitiv nicht. Wir hatten einen Spitznamen für den Superagenten: Kongo-Müller.

Am zweiten Nachmittag hatten wir den Pfad verfehlt. Er stiefelte den Hang hinunter durch den Laubwald. Ich hatte etwas Bedenken. "Gibt es hier keine Schlangen?" fragte ich ihn vorsichtig. "Nein, nein, in der Gegend gibt es keine Schlangen", beruhigte er mich onkelhaft. Die Rache folgte auf dem Fuss: Keine drei Minuten später lugte eine riesige Schlange aus einem Moorloch. Kongo-Müller nahm vor Schreck einen Satz und japste voller Entsetzen. Das war zuviel für ihn. Er hätte seinen Job sicherlich auf der Stelle gekündigt, würde das denn so einfach gehen... Die Schlange war nicht mal giftig. Kein Grund zur Aufregung. Doch nun wollte Kongo-Müller nicht mehr vorauslaufen. Er wollte hinter uns her stiefeln. Wir meinten dazu, ebenfalls leicht onkelhaft, er sei doch der Führer und ein Führer müsse nun mal vorausgehen. Da suchte er sich einen dicken Stock und kämpfte sich ängstlich vorwärts. Schritt für Schritt, als seien wir gerade gewarnt worden, auf einem Minenfeld zu sein.

Weil Ossi und ich uns nicht ärgern wollten, fanden wir das schiefe Unternehmen des Trekkings belustigend. Wir liessen Kongo-Müller nicht aus der Rolle fallen. Der Arme hatte ja keine Wahl gehabt, und die Tage im Urwald mussten die Hölle für ihn sein. Auch von Wasserreinigung, Blutegeln und Mückenschutz wusste er generell nichts. Sein Körper würde ihn noch Wochen an den Trip erinnern.

Jedoch, ein Bedenken kam uns: Sollte der Typ da wirklich einen Blödsinn bauen, beispielsweise auf eine Schlange stehen... Wenn wir ohne Kongo-Müller zurück kamen... dann gute Nacht. Mit der Militärchunta liess sich nicht spassen!

Der Taschenlampenkauf

Barbiese, Nepal. Warum ich gerade in diesem Kleinstädtchen Pause machte, kann ich nicht erklären. Es hatte etwas von allem. Strassenkaff, Marktort, städtische Infrastruktur, sogar ein Kino. Und doch war es ein Dorf, alle kannten sich. Die Bergbevölkerung kam an den Markttagen meist zu Fuss zu diesem Ort im Flusstal herunter. Als letzte grössere Ortschaft vor dem Checkpoint an der Grenze zu Tibet und ruhend in einem schattigen Tal, hatte es durch seine Profillosigkeit doch irgendwie Charakter.

Eigentlich gab es keinen Grund, hier zu sein. Keinen wichtigen Tempel zu besuchen, keinen Berg zu überqueren, keinen besonders schönen Wochenmarkt zu fotografieren. Nicht mal das kleine Hotel war besonders. Das Zimmer war klein, die Matratze hart, und im Bettgestell hausten winzige rote Ameisen. Trotzdem, ich wollte hier bleiben. Es war eine offene Kampfansage an meine innere Rastlosigkeit. Abends überlegte ich mir, was ich morgen unternehmen sollte. Das war wieder der planende Reisende. Aber ich konnte hier nicht einfach "sein". Würde ich ohne Plan in die Tage hinein leben, versänke ich immer mehr in meiner inneren Gedankenwelt, würde immer schneller und gebückter durch die Lande hasten. Und irgendwann wäre ich irgendwo - ohne wirklich anzukommen...

Ich brauchte eine kleine Taschenlampe. Und so war dies der Plan: Morgen war mein Programm der Kauf einer Taschenlampe. Nicht, dass der Kauf einer Taschenlampe so schwierig gewesen wäre. Es war ja ein Marktort. Nicht, dass es so viele Modelle an Taschenlampen gab, dass mich die Auswahl überfordert hätte: Es hatte nur ein Modell, aus Aluminiumblech und chinesisch - in zwei Grössen. Nicht, dass die Händler einen horrenden Preis verlangten und ich deswegen hätte abwarten müssen: Die Dinger kosteten zirka eineinhalb Dollar. Gut, ich brauchte noch Zubehör, und das wollte wohl bedacht sein: nämlich Batterien. Aber eigentlich gab es nur ein einziges langlebiges Modell in dieser Grösse...

Am nächsten Morgen nach einem Kaffee im Hotel machte ich mich zeitig zu meinem Tagesprogramm auf und schritt Richtung Markt. Der erste Händler war ein mürrischer Grosshändler. Doch erlaubte ich mir nicht, ihn als Anbieter zu ignorieren. So musterte ich die Lampenmodelle, fragte nach den Preisen. Ob die aus China seien, und wo sie dort genau hergestellt und ob Zollabgaben darauf geschlagen würden. Ich löcherte den eher unfreundlichen Herrn, solange ich es für angemessen hielt, dankte, und machte mich auf zum nächsten Verkäufer. Der zweite kleine Shop, welcher Taschenlampen führte, gehörte einem feinen dicklichen Kerl. Er schlürfte gerade einen Chai und lud mich ebenfalls zum Teetrinken ein. Das Gespräch blieb dann nicht bei der Taschenlampe. Gut eine Stunde später fand ich den dritten Shop. Er wurde von einer Oma gemanagt. Sie hatte die Sache ziemlich im Griff und war eine Shopmanagerin erster Güte. Obschon sie nur Seifen, Kerzen, einigen Kram und eben Taschenlampen verkaufte, hatte sie den Anstrich einer Rajonleiterin in einem Grosseinkaufszentrum. Allerdings: Bei ihr gab es keine Batterien, die seien ausverkauft. Nach Smalltalk und ein paar Witzchen zur Auflockerung fragte ich nach dem Preis und versuchte ihn leicht zu drücken. Und weiter ging mein Trip. Weiter unten an der Strasse fand ich noch einen vierten Shop. Diese Taschenlampen schienen allerdings etwas lange gelagert worden zu sein und hatten mehrheitlich rostige Innenteile. Nach einem Fachgespräch unter Taschenlampenexperten und dem Testen der Lampen (welche leider wirklich nicht einwandfrei leuchteten) wanderte ich die Strasse zurück. Nun war ich also informiert und konnte die Lage überblicken! Kannte die Händler, kannte die Preise, wusste, wo es Batterien gab. Der Morgen war schon fast um. Der Nachmittag würde wohl beinhart: da musste der Deal ja wirklich konkret werden, denn abends, so war es mein Ziel, musste ich eine neue chinesische Aluminiumblech-Taschenlampe mein Eigen nennen können! Aber erst ging ich mal auf eine Suppe und ruhte mich während der Mittagshitze etwas aus.

Um die Spannung vorwegzunehmen: Abends gegen sechs Uhr hatte ich es geschafft. Ich war stolzer Besitzer einer neuwertigen Taschenlampe, und für die Batterien hatte ich den maximalen Rabatt rausgeschindet. Und: Ich hatte gute Gespräche gehabt. Begegnungen. Half der Enkelin der Oma noch bei den Englischaufgaben, hatte den Sozialarbeiter vom Nachbardorf auf dem Markt getroffen, ein beschädigtes Kniegelenk eines Opas untersucht, ein paar Hunde gekrault… und kannte nun viele liebe Menschen im Marktort Barbiese.

Die Taschenlampe hielt nicht lange durch. Aber das war nicht überraschend, schliesslich hatte sie auch nur eineinhalb Dollar gekostet.

Berggeister und andere Gesellen

Wer mit der Kultur der Himalayavölker ein wenig vertraut ist, weiss um deren enge Verbundenheit mit dem Naturglauben. Hinduismus und Buddhismus mischen sich mit "Aberglaube" oder Geisterglaube, wie wir aus dem Westen dies definieren. Schamanen kommen in den Berggegenden wichtige Rollen zu. Sie vermitteln zwischen der Geisterwelt und den Bewohnern der Gegend. Denn die Menschen sind ohne Einwilligung und Schutz der Götter schmerzlich vergänglich im Antlitz der Naturgewalten. Grosse Rollen spielen dabei die Berggötter, aber auch die Geister der Naturelemente wie des Wassers (Nagas) und der Luft. Wer im Himalaya Pässe und Übergänge überquert, weiss um die Riten der Einheimischen. Im Norden Indiens, in Himmachal, werden Büschel getrockneten Grases auf Steinplatten gelegt, eine Opfergabe für die Hüter der Pässe. Ironischerweise mag es heute gar etwas Modernes an sich haben, sich mit anthropologischen oder spirituellen Gesichtspunkten des Naturglaubens auseinanderzusetzen. Dabei versuchen wir, all die Aspekte mit modernen Symbolen zu füllen und die historischen Zusammenhänge zu beleuchten. Für die Menschen in den Bergregionen ist dies nicht so. Für sie sind die Naturgeister genauso existent wie der entlaufene Yak des Nachbarn - es gibt kein Philosophieren und Argumentieren darüber. Wieso das wohl so ist? Vielleicht, weil sich nicht immer alle Phänomene so leicht erklären lassen, wie wir wissenschaftsgläubigen Menschen es eigentlich gerne hätten…

Es war ein Nachmittag im Herbst in den Bergen Nepals, in der Grenzregion zum Mustang. Ein trüber Nachmittag, an dem wohl kein Einheimischer rausging, der nicht dringend etwas zu erledigen hatte. Auch ich hatte am Mittag lange am Feuerplatz in der alten Küche gesessen und mit der Tamangfamilie über das Wetter geplaudert. Es nieselte etwas draussen, und das Wetter war grau in grau. Da sich das rustikale Haus schon an der Waldgrenze befand, sah man die felsige Umgebung als triste Kulisse, und die lottrige Holzhütte mit ihrem Feuerplatz hatte etwas durchaus Behütendes an sich. Es war wohl schon gegen drei Uhr nachmittags und die stämmige Frau des Hauses offerierte mir, über Nacht hier zu bleiben. Dies wollte ich nun doch nicht, denn als ihr knorriger Mann von den Yakstallungen zurückkam, erwärmte seine wohlwollende Frau auf dem Feuer erstmal einen herzerwärmenden Gerstenschnaps. Ich sah, dass der Nachmittag eine etwas gesundheitsgefährliche Richtung einschlagen könnte. So dankte ich herzlich für die Suppe und machte mich kurzerhand auf den Weg. Das Nieseln hatte nachgelassen, es wehte sogar ein leichter Wind, nur der Himmel schien noch grauer zu werden. Ich rechnete mit etwa dreieinhalb Stunden Marschzeit bis zur nächsten Siedlung.

Es ging über einen leichten Abhang hinauf, weit unten auf der Seite sah man ein kleines Flusstal, in dem ein Wildbach seine Kapriolen schlug und von Fels zu Fels hüpfte. Mein Weg führte über den weiten Hang in Schlangenlinie hinauf. Er war gut ausgetreten und schlug immer dann einen Haken, wenn ein Felsbrocken oder Riss im Boden die gerade Führung verunmöglichte. Die Gegend war voller Alpenrosen, und zwischendurch sah man vereinzelte äsende Yaks.

Von weitem sah ich eine tibetisch gekleidete Frau auf dem Pfad auf mich zukommen. Sie näherte sich schnell, rannte auf mich zu und stoppte kurz, gestikulierte unbeholfen und brabbelte atemlos ein paar Sätze in meine Richtung. Dann rannte sie wie der geölte Blitz weiter talwärts. Das war etwas merkwürdig, und ich beschloss, dies zu beachten. Verstanden hatte ich sie nicht, aber die Gute war erschreckt gewesen! Was war bloss los? Hatte eine Lawine neben dem Steilhang ihre Tiere verschüttet? Ein Erdrutsch weiter oben? Ein wildes Tier vor mir, etwa ein Schneeleopard? Ich blieb stehen, lauschte, musterte die Gegend eingehend. Nichts Aussergewöhnliches viel mir auf, es war still... sehr still. Plötzlich nahm ich einen scharfen Luftzug wahr. Er wehte von der Richtung des Bergpasses herunter. Ein merkwürdiger Wind. Kein einfacher Nachmittagswind, kein laues Abendlüftchen, kein einsetzender Bote eines herannahenden Regens. Nein, hier wehte ein anderer Wind. Er schien fast durch mich hindurchzuziehen; und ich bemerkte, wie sich auf meinem Rücken unverholen eine Gänsehaut bildete. Nun blieb ich endgültig stehen. Irgendwas schien hier doch recht merkwürdig zu sein. Ich blickte noch einmal in alle Richtungen, und da sah ich wieder etwas vom Berg her auf dem Weg auf mich zukommen. War es nochmals eine Frau aus dem Dorf?

Es schien noch weit entfernt. Aber unglaublich gross. Ein Yak? Es war grau und bewegte sich sehr behende, aufrecht. Nein, definitiv kein Yak. Und es kam schnell näher. Es war wohl Zeit abzutauchen. Irgendetwas stimmte hier einfach nicht. Ich hatte wenig Lust, wieder den ganzen Abhang zur letzten Siedlung hinunter zu rennen. Schon gar nicht mit meinem schweren Rucksack und der nahenden Abenddämmerung vor mir als Zeitlimit. Was tun? Ich sah unweit des Weges grössere Felsblöcke und eilte auf diese zu, um mich in deren Schutze im Gestrüpp in Deckung zu legen. Was da wohl kommen mochte?...

Gespannt lugte ich hinter den Felsbrocken geduckt hervor. Der eigenartige Wind trieb nun auf dem Pfad grosse Mengen von Laub und Staub vor sich her. Es schien als würde jemand mit unsichtbarer Hand den staubigen Passweg saubermachen. Für dasjenige, was da kommen mochte. Und da sah ich ihn. Er kam gerade durch das Felsentor, welches etwa dreihundert Meter vorne am Weg lag. Es war eine Gestalt aus Wind. Grau, voller Staub, ein sich drehendes Gebilde, gross wie ein Riese. Mit würdiger Geschwindigkeit drehte er sich auf dem Wege voran. Mit einer Gefolgschaft von Windwirbeln und aufgeworfenem Sand. Eine Art Mini-Tornado, wohl um die vier Meter gross. Und sehr gestalthaft, irgendwie beseelt!

Ich kniff die Augen zu, schaute wieder hin. Ich kniff mich ins Bein, bis es schmerzte: nein, ich träumte keineswegs. Gut versteckt äugte ich hinter den Felsbrocken hervor. Da wandelte er. Schön dem Passweg nach, wenige Meter an meinem Versteck vorbei. Ein Zischen und Schnauben begleitete seine Erscheinung. Und er wandelte weiter Richtung Tal mit seiner Gefolgschaft, als sei er ein tibetischer Attaché, unterwegs ins nächste Dorf.

Ich blieb noch eine Weile in meinem Verstecke liegen. Prüfte dann sorgfältig die Luft. Und erst als kein Lüftchen mehr wehte und ein alter weidender Yak grunzend neben mir vorbeitrottete, erhob ich mich mit starren Gliedern aus dem Gebüsch…

Das Schlangenfest

Sie haben etwas Magisches an sich. Ihr Symbol taucht in Mythologien rund um den Globus auf. Nicht zuletzt wurde Eva von ihr verbal verführt. Die Rede ist von den majestätischen Tieren ohne Beine - den Schlangen. In Indien werden um Schlangen einige Geschichten gemacht, und es gibt den Tag des Schlangenfestes. Besonders zur Schau gestellt wird die graubraune Schlange mit den zwei Köpfen. Es rankt sich die Sage, dass die Schlange alle paar Monate den Kopf mit dem Schwanz vertauscht und umgekehrt. Da staunen die Bewunderer! In Wahrheit hat die träge und etwas hässliche Wüstenschlange einfach einen Schwanz, welcher aussieht wie ein Kopf. Damit lassen sich die Feinde täuschen, und attackieren versehentlich den Schwanz, der aus dem Sand hervor lugt. Ein tödlich endender Fehler.

Nagpanjimi, der Tag der Schlangenverehrung, wird besonders in Benares hoch gehalten, da diese indische Stadt der Gottheit Shiva gewidmet ist. Und der umgibt sich immer gerne mit den Viechern. An diesem Tage werden die Schlangen verehrt, allen voran die Kobra. Die Leute zelebrieren Rituale zu Ehren der Kobra, sie werden von vielen Bettelmönchen in der Stadt herumgetragen. Diese erhalten ein paar Rupies, damit die Schlange geküsst werden darf. Dann wird sie mit heiliger Milch und mit Eiern vollgestopft und wartet geduldig auf den nächsten Verehrer. Da gibt es deren viele, der Hindu in einer heiligen Stadt wie Benares zelebriert die religiösen Feste mit Enthusiasmus! Für die Kobra endet der Tag mehrheitlich im Nirwana. Sie stirbt einen qualvollen Tod an den gutgemeinten Opfergaben. Kuhmilch kann sie schwer verdauen.

Am Nagpanjimi also tauchen in der Stadt Benares erstaunlich viele als Mönch gekleidete Personen (Babas) mit Schlangen in den Körbchen auf. Oft Dorfleute aus Bihar, die sich des Geldes wegen für einen Tag lang als Mönche ausgeben. In einem Loch finden sie eine Schlange und stopfen sie in ein Körbchen. Meist wissen sie nicht, ob das Ding giftig ist. In Indien sterben jedes Jahr weltweit am meisten Menschen an Schlangenbissen. Gefährlich sind die kleinen und unscheinbaren Vipern. Ist es eine Kobra, geht die Geschichte oft gut aus. Die Kobra ist meist geduldig, und vielleicht auch kluger als ihr zeitweiliger Besitzer.

Doch es gibt auch Babas, die haben durchaus Erfahrung mit ihrer Kobra. Und nutzen ihr Haustierchen auf kluge Weise.

Ich war unterwegs in einem dieser düsteren Gässchen hinter dem jahrhundertealten Totenverbrennungs-Ghat. Gerade hatte ich den kleinen Tempel dort besucht und mit dem ansässigen Asketen einen kurzen Schwatz gehalten. Ich wollte mich nach seiner Gesundheit erkundigen, hatten ihn doch seine Fastenmonate letztendlich ins lokale Spital katapultiert. Sein Körper schien seine geistigen Anstrengungen irgendwie nicht ganz begriffen zu haben. Shiva sei Dank, er war wieder fit und vermochte ganz gut zu witzeln.

Da die Sonne schon hochstand, wählte ich nicht den Weg am Ufer des Ganges zurück, sondern in den kühlen schattigen Hintergassen. Wie so üblich begegnete mir einiges Volk, und auch Leichenzüge waren unterwegs. Die Männer begleiten jeweils den Verstorbenen auf seinem letzten Weg und schleppen den Leichnam auf einer Bambusbahre durch die engen Gässchen Richtung Gangesufer. Dazu werfen sie Reis und Rosenblätter in die Luft und murmeln "Ram Nam Satja hä" - der Name Gottes ist Wahrheit. Starb jemand jedoch durch eine Schlange, wird das Ritual tantrisch und kompliziert. Die Leiche wird nicht verbrannt, sondern in Bananenblätter eingewickelt, mit magischen Zeichen versehen, danach in den Ganges gesenkt. Die Schriften sagen, dass die Person irgendwo und irgendwann wieder aus dem Ganges an Land gehen würde und ein neues Leben beginnen könne.

Ich bog um die Ecke. Der Baba schien mir aufgelauert zu haben. Als ich meinen Schritt abbremste und vor ihm stand, öffnete er flink das Körbchen, und die Kobra schraubte sich ebenso flink aus demselben in die Höhe und blies ihren Kragen auf. "Gib mir Geld!" sagte der Bettelmönch, und es war nicht eben freundlich gemeint. Mit einem schleimigen Lächeln fügte er noch an: "Kannst die Kobra küssen, wenn du willst. Ohne Geld küsst sie vielleicht dich..." Dabei hielt er ein Stöckchen an den Hals der Kobra. Damit konnte er sie dirigieren. Ich hatte wenig Interesse, in Bananenblätter gewickelt den Ganges hinunter zu treiben und zog mit bissiger Miene ein paar kleine Scheine hervor. Genauso flink wie dieser düstere Typ aufgetaucht war, verschwand er denn auch wieder in den Schatten der Gässchen. Na denn. Heute war eben das Fest der Schlangen…

Tantrische Übungen?

Nach einem flüchtigen Blick auf die Uhr seufzte ich. Ich war mal wieder spät dran. Sogar nach indischem Zeitempfinden spät. Hätte eigentlich dem Treffen nicht zusagen sollen, dachte ich. Ein westlicher Freund und ich hatten an den Steinstufen zum Ganges abgemacht, und sollte ich nicht bald erscheinen, würde er sich wieder aus dem Staube machen. Ich legte also einen Zahn zu und schlüpfte durch die Massen von Menschen, Veloritschkas, Bettlern und hupendem Verkehr. Beim Gemüsemarkt wurde der fahrende Anteil des Treibens etwas weniger und ich konnte einen Zacken zulegen. Seitlich säumten die Holzstände der Gemüsehändler das Strassenbild. Nachmittags hatte es noch kurz geregnet, und der Boden war schlammig und klebrig. Es kam eine leichte Wegkrümmung, in welcher in der Mitte der Strasse jeweils die Gemüseabfälle hingeworfen wurden. Auf einem indischen Markt wie diesem störte dies niemanden, im Gegenteil: Der grosse schwarze Stier mit den riesigen Hörnern und dem einen blinden Auge schien es sich gütlich gehen zu lassen. Ich war wenige Meter vor dem Gemüseabfallhaufen im schnellen Galopp unterwegs und wollte gerade zur Kurve einspuren, als es passierte. Wie in einem Comicfilm - meine bevorstehenden Sekunden waren an Peinlichkeit nicht zu überbieten!

Da lag sie nämlich. Unscheinbar, am schlammigen Boden gut angeheftet: Die Bananenschale. Es zog mir die Beine nach vorne wie auf dem besten Eishockeyfeld des HC Davos. In fliegender Schräglage, Beine voraus, flog ich nun voll auf den schlammigen Haufen Gemüseabfälle zu. Direkt auf oder präziser gesagt unter den kauenden Stier. Es handelte sich um Millisekunden: (schmutzig) sein oder nicht sein. Noch im Landeanflug griff ich nach dem einzig Greifbaren, seinen Hörnern. Und so hing ich nun, halb unter dem Riesenviech, an seinen Hörnern und nur wenige Zentimeter über dem schlammigen Untergrund. Das Bild, welches sich hiermit bot, war einzigartig, und die Menschen auf dem Markt staunten ungläubig. Wenige hatten meinen Anflug gesehen - alle sahen meine jetzige Position. Was der gutgekleidete Westler, der sich an beiden Hörnern festklammerte, halb unter dem heiligen Stier hängend da trieb!?

Ich spürte den schnaubenden Atem des grossen Stieres auf meinen Wangen und schaute ihm in das blinde und das gesunde Auge. Er schien wohl das eine oder andere Auge zuzukneifen, liess mich an seinen Hörnern hängend gewähren. Ich zog mich vorsichtig unter seinem gewaltigen Körper hervor, setzte meine Füsse wieder auf den schlammigen Untergrund, musterte meine Kleidung. Keine Gemüseflecken, keine Schlammspuren! Nur ein wenig Speichel des Stieres war auf mein Hemd getropft.

Neben dem Reittier Shivas aufrecht stehend, klopfte ich ihm dankend auf die stählerne breite Schulter, wagte einen Seitenblick in die staunend gaffende Menge - und wieselte so unscheinbar ich konnte davon, Richtung Gangesufer.

Die Zeit nach Bruno

Im Kinderhilfswerk in Indien arbeitete ich oft bis abends spät, und irgendwann wurde mir klar, dass ich ein Hobby zum Ausgleich brauchte. Ich musste etwas haben, was den Abend und die Nacht von der Arbeit trennte. Zu oft wälzte ich Probleme und fühlte mich für Einzelschicksale verantwortlich.

Das Kinderdorf hatte vor Jahren einen Schäferhund angeschafft, Bruno. Der arme Kerl hatte mal aus Panik jemanden gebissen. Nicht fest, einfach mal zugeschnappt. Seitdem kam er kaum mehr aus seinem Zwinger raus und trottete nachts, wenn es kühler wurde, unablässig in seinem kleinen Gefängnis hin und her. Bruno wurde mein neues Hobby und ein verlässlicher Freund, und ich wanderte allabendlich mit ihm über die Felder und Weiden. Dabei war es ein Hindernislauf, denn die Bauern und Schafhirten hatten einen riesigen Respekt vor dem grossen Tier - und so auch die Schafe. Ich musste also meine Route immer vorausschauend wählen. Besonders gefiel Bruno der grosse Sandhaufen neben der Strasse. Da wälzte er sich jeweils wohlig und vergass die Zeit. Irgendwann würde der wohl mal zum Strassenbau verwendet werden. Doch die Korruption in der Strassenverwaltung hatte dieses Projekt quasi auf Sand gelegt.

Eines Jahres starb Bruno. Er war ein treuer Gefährte und nützlicher Wachhund gewesen. Einen neuen Schäferhund wollte man nicht mehr anschaffen. Zu gross waren die Bedenken vor einem solch grossen Hund. So widmete ich mich abends wieder ganz meiner Arbeit.

Doch ich vermisste die abendlichen Streifzüge durch die Felder.

So kaufte ich mir von einem Angestellten ein altes indisches Motorrad, eine Bullet Enfield. Der langjährige Manager im Kinderdorf hatte als Hobby das Zusammenbasteln und Instandsetzen von alten Motorrädern. Er hatte bereits drei vor seinem Haus, und so war er nicht abgeneigt, mir eines zu verkaufen. Ohne lange zu überlegen, entschied ich mich für die Bullet.

Die alte Bullet Enfield hatte fast meinen Jahrgang. Ein wirklich massives Gerät, mit einem Geräusch von einem wirklichen Motorrad. Manche Harley hatte dagegen eine Fistelstimme.

Nun hatte ich ein neues Hobby. Abends ging ich zur Garage, wo die Schulbusse standen, und wischte den Steppenstaub von meiner Enfield ab. Dann versuchte ich, sie zu starten. Das kostete immer eine erhebliche Geduld, und im Sommer bei den hohen Tagestemperaturen kam ich ganz schön ins Schwitzen. Endlich, nach viel Schweiss und einem Gebet zum Himmel gab sich das Ding einen Ruck und begann zu röcheln. Eine schwarze Russwolke verliess den Auspuff und hüllte die Garage in giftigen Nebel. Dann ging es los. Über Lehmpfade durch Felder, an Schafherden vorbei, durch naheliegende Dörfer. Im Abendlicht vorbei an erntenden Bauern. Die Bullet brachte mich ins Herz Indiens...

Gekauft hatte ich sie mit der Absicht, einmal von Indien aus in die Schweiz zurückzufahren. Doch ich kam nie weiter als eine Stunde Fahrt. Egal was repariert und ersetzt wurde, jeder Tagestrip, der weiter als fünfundzwanzig Kilometer reichte, endete ungewollt vorzeitig. Doch immer war es ein Erlebnis. Immer kannten mich Menschen von irgendwo. Sie luden mich zum Essen ein, jemand reparierte das Motorrad. Einmal nach einem Kabelbrand passte ich den Schulbus ab, der auf dieser Strasse aus der Stadt zurückkehrte, und der Fahrer hievte das fast dreihundert Kilo schwere Teil in den Bus, um es zurück zur Garage zu fahren.

Diese Bullet gehörte nach Benares und war in ihrem Alter nicht mehr gewillt, die Gegend zu verlassen.

Eigentlich wollte ich mit dem Motorrad einmal von Indien aus in *meine* Heimat fahren. Das alte Motorrad jedoch wollte nicht mehr weg. Es zeigte mir *seine* Heimat. Und das war auch ok so.

Der behinderte Junge und der Grossvater

Wir waren unterwegs als Outreach-Team in Balia, Uttar Pradesh. Dies war die mobile Service- und Beratungsgruppe für Kinder mit Behinderungen auf dem abgelegenen indischen Lande. Die mobile Einheit unseres Kinderdorfes besuchte entlegene Gebiete im nördlichen Uttar Pradesh und Bihar. Das Outreach-Team machte Ersterfassungen und Elternberatung von behinderten Kindern, vermass kinderlähmungsgeschädigte Beine für die Anfertigung orthopädischer Hilfsmittel und vereinbart Termine für Operationen. Alle zwei Monate sammelten sich betroffene Jugendliche und Eltern von behinderten Kindern bei den entlegenen Missionsstationen, und freuten sich auf das Erscheinen unseres weissen Busses.

Auch diejenigen kamen immer wieder, welche bereits an Krücken gehen konnten und uns nicht mehr brauchten. Sie kamen wegen einer Reparatur an ihren Hilfsmitteln, oder einfach, um ein wenig zu plaudern.

Das kleine Team von Therapeuten und Technikern hatte oft alle Hände voll zu tun! Der Fahrer erledigte zudem die Administrationsarbeit.

Es war ein etwas hektischer Tag in Balia, ungefähr 80 Kinder waren angereist. In unserem Gepäck hatten wir auch einen kleinen Rollstuhl, mitgebracht für den fünfjährigen Raatsch.

Raatsch war ein Knabe, welcher nicht nur an den Beinen poliogeschädigt war - auch seine Arme hatten Beeinträchtigungen und waren schwach. Das Kind konnte sich kaum bewegen. Eine Operation war noch nicht angesagt, muss doch das Kind kräftige Schultern und Arme haben, um an Krücken gehen zu können.

Wir hatten beschlossen, Raatsch einen Rollstuhl zu geben. Damit konnte er auf dem Lehmvorplatz vor dem Haus im Dorf herumkurven. Das würde ihn aus der dunklen Hütte rausbringen und gleichzeitig seine Schulter- und Armmuskeln trainieren.

Raatsch und sein Grossvater erschienen auch tatsächlich an diesem Tag (Termine sind nicht jedermanns Sache auf dem indischen Land).Trotz

Erntezeit hatte der Grossvater seinen Acker und seine zwei Wasserbüffel allein gelassen, um Raatsch zu uns zu tragen. Und sie staunten beide nicht schlecht, als sie den versprochenen Kinderrollstuhl sahen. So also sah ein Stuhl mit Rädern aus! Wir setzten Raatsch in das Gefährt und legten ihm den Sicherheitsgurt um. Fast hätte er geweint vor Angst, in so einem hohen Ding zu sitzen, welches sich auch noch bewegte!

Nach einer Stunde siegte der Mut des Kindes, daher machte ich mich daran, ihm zu zeigen, wie er dieses Ding selber bewegen konnte. Anfangs sehr mühselig, dann aber mit immer mehr Willen und Kraft, begann Raatsch an den Rädern zu drehen, und rollte langsam durch den Raum. Nach vielen Pausen und Stunden später, zeigte ich ihm, wie man Kurven fahren konnte. Raatsch war mehr als nur interessiert! Er ahnte die Möglichkeiten der Mobilität, welche ihm da eröffnet wurden und war in eifrigem Fieber.

Der Grossvater, zurückgekehrt vom Kautabakshop, konnte seine Begeisterung nicht zurückhalten, als er seinen Enkel selber fahren sah. Der alte Mann, bekleidet mit dem typischen indischen Wickelrock, stapfte hocherfreut dem Rollstuhl hinterher. Hoch schwang er seinen Hirtenstab und trieb den Jungen mit „Hoh Hoh"-Rufen feurig an. Wohl genauso, wie er abends seine Wasserbüffel zum Dorf zurück trieb!

Als die beiden sich gegen Abend verabschiedet hatten, hörte ich den kleinen Jungen Raatsch draussen mit wildem Stolz den anderen Kindern zurufen: „Schaut, schaut, mein neues Auto! Seht her! Ich hab mein eigenes Auto! Seht doch!"

Unterwegs in der Diktatur

Mein persönlicher Weg hatte mich nach Burma geführt, um die buddhistische Vipassana-Meditation zu erlernen. Der bekannte Lehrer Chiangmay Sayadaw nahm mich in seinem Kloster in Rangoon freundlich auf, ermahnte mich jedoch, die Praxis ernst zu nehmen. Dies tat ich denn auch mit einer grossen Entschlossenheit und machte mich jeweils um drei Uhr morgens an die Meditationspraxis. Guru-Ji Chiangmay lud alle paar Tage zum Gespräch, um sich über Probleme der Praxis zu erkundigen und seinen Rat anzubieten. Gegen Ende meiner Meditationszeit erzählte er mir über sein Urwaldkloster bei Mouwi. Es sei ein ruhiger und natürlicher Ort, ideal für die Praxis. Nächstes Mal solle ich doch dorthin kommen, das wäre ein angemessener Ort für einen Naturburschen wie mich. Ob er mir diesen Ort gerne noch zeigen dürfe, bevor ich abreiste? Morgen früh müsse er zu diesem Kloster hinausfahren, um Gespräche mit seinen Mönchen zu führen. Er nähme mich gerne mit, und ich könne dann den Tag dort in Meditation verbringen.

Interessiert und dankbar nahm ich den Vorschlag an. Hatte ich doch nichts dagegen, nach Wochen der Praxis mal wieder aus diesen Klostermauern herauszukommen. Und zudem hatte der gute alte Guru eine Art Limousine mit Aircondition. Das war doch mal was, ein paar Stunden in der Kühle zu sitzen. Denn die Temperaturen erreichten täglich vierzig Grad - und dies bei hoher Luftfeuchtigkeit.

Ich fand mich also zeitig am Morgen vor der Empfangshalle des Obermönches ein, und bald fuhr auch die kleine weisse Toyota-Limousine mit den wehenden buddhistischen Bannern auf dem Kühlergrill vor. Der Chauffeur machte sich bereit, und als der Guru würdevoll aus seinem Büro gewandelt kam, öffnete er geflissentlich die Türe. Dann winkte mir der Obermönch zu und deutete mir an, ebenfalls bei ihm hinten einzusteigen. Die Türen schlossen sich, und durch die leicht getönten Scheiben strömte ein sanftes Dämmerlicht in das Wageninnere. Die Aircondition gab ein leises kühlendes Surren von sich, der Geruch der Ledersitze und Blumengestecke gab das seine zu einer recht unrealistischen Atmosphäre. Der Guru entschuldigte sich mit seiner gewinnenden Art für diese Art Luxus. Es sei halt nun mal in Burma so der Brauch, dass man sich als Oberhaupt auch äusserlich darstellen müsse. Das

Auto sei ein Geschenk gewesen. Ich wollte seine Bescheidenheit auf die Probe stellen und behauptete, zuhause ein sehr ähnliches Modell zu fahren. Er schien keineswegs betupft zu sein und meinte aber, es sei besser er fahre nicht selber. Er hätte es mal probiert, was dann leider auf dem Vorhof ein paar Topfpflanzen die Lebensgrundlage entzogen hatte.

Wir fuhren los und unter dem grossen Tor durch, welches den Eingang der Klosteranlage markierte. Dann eine holprige Fahrt durch die Seitenstrassen Rangoons bis zur gutausgebauten Verbindungsstrasse nach Mandalay . Nach Wochen der Meditation bot sich mir eine interessante Szenerie da draussen. Die Strassen wuselten von Tieren und Verkäufern, Veloritschkas, spielenden Kindern. Einfache Hütten und Palmen säumten die breite Teerstrasse. Die Welt machte einen zwar ärmlichen, jedoch zufriedenen Eindruck.

Dies änderte sich urplötzlich. Unser Fahrer riss einen überstürzten Stopp. Aus der Seitenstrasse von links kamen mit heulendem Blinklicht zwei schwere Motorräder der Militärpolizei. Hinter ihnen folgten in rasendem Tempo drei schwere schwarze Audi 100, sportliche massige Autos mit schwarzgetönten Scheiben - die Autos der Militärgeneräle. Das Strassenbild veränderte sich schlagartig. Sämtliche Personen, und mit ihnen auch die domestizierten Tiere, scheuchten in Panik von der Strasse weg, liessen alles stehen und fallen, und standen am Strassenrand stramm. Unbeweglich, wie zur Salzsäule erstarrt - oder in der Salutier-Haltung, sollten sie Staatsangestellte sein.

Als die kleine Fahrzeugkolonne vorbeigebraust war, nutzte unser Fahrer die Chance und gab Gas. Hinter dem Konvoi war die Strasse frei, und so brauste unsere weisse Limousine mit wehenden Bannern und hohem Tempo hinterher. Das Bild, welches sich mir nun bot, war gespenstisch. Wir bewegten uns in rasendem Tempo durch die Landschaft. Die Zeit schien still zu stehen. Kilometer um Kilometer standen Mensch wie Tier am Strassenrand, unbeweglich stramm, starr. Nichts schien sich zu bewegen. Kein Lebewesen wagte eine Bewegung oder Geste. Es war ein Bild wie in einem gestoppten Film, der auf der Standby-Taste ruhte. Eingefroren, unwirklich. Und wir flitzten daran vorbei... durch die Zeit. Die Militärdiktatur zeigte ihren Charakter. Für die Entwicklung des Landes und ihre Bewohner schien sie mir absolut lähmend zu sein...

Die Schamanin auf Lombok

"Komm, wir gehen besser in meine Bleibe. Es ist vielleicht nicht gut für dich, wenn die Leute uns zusammen auf der Strasse sehen", meinte sie. Sie hatte wohl recht. Nur, ganz geheuer war mir dabei nicht. Ich konnte mich nur auf meine Instinkte verlassen. Doch ich fühlte, sie war ein guter Mensch, wenn auch wohl etwas… abgedreht.

Ihr Verschlag war einfach. In einem noch nicht fertig gebauten grossen Zementhaus. Ein Zimmerchen im Untergeschoss. Eine Matte am Boden, ein Kocher, eine Truhe mit ihren Habseligkeiten, ein sehr merkwürdig gestalteter Hausaltar.

"Hast du auch Hunger?" Sie hatte sich Wasser erhitzt und goss es in eine Schale mit Weizenbreipulver. In Minutenschnelle entstand eine Art Kinderbrei.

"Ist schnell gemacht, supersüss, günstig und nahrhaft", schmunzelte sie. "Du kommst von weit her", fuhr sie dann fort, "ich sehe, es ist dir sehr wichtig, über diese Dinge hier zu erfahren. Aber eines solltest du wissen: nichts ist so wie es scheint." Das tönte ganz gut. Denn was ich bis jetzt gesehen hatte, war bizarr. Konnte das also heissen, die Dinge waren eigentlich ganz normal?

Es schien irgendwie nichts zufällig. Die letzten Tage auf der Reise hatten mich in diesen Bergort unter dem grossen Vulkan geführt. Für Reisende war es nicht die Zeit hierherzukommen. Ein seltener Sturm hatte die letzten Tage gewütet, hatte die Stromversorgung und das Wasser gekappt, Häuser zerstört, und die Strasse war erst gestern halbwegs von gefallenen Bäumen frei gemacht worden. Für die Einheimischen war das eine furchteinflössende Zeit. Der Wind wurde mit Magie in Verbindung gebracht. Und diese Art Wind kam nur selten… sehr selten. Abende ohne Strom bei flackerndem Kerzenschein, das erweckte in den Menschen die Mythen und den Glauben vergangener Zeit.

Lombok, diese Insel in Indonesien, beherbergte verschiedene Religionen. Aber der Geisterglaube war das einzig Verbindende. In jedem Dorf gab es Menschen mit aussergewöhnlichen Sinnen- weisse Magier, aber auch Schwarzmagier. Und die Magier zwischen den Dörfern bekämpften sich manchmal in einem Schaukampf, wurden wie von unsichtbaren Fäusten getroffen oder spuckten Rauch in Richtung des Gegners.

Ladikka, oder wie dieses Wesen da im Raum hiess, war eine weisse Magierin. Nicht sonderlich bekannt oder wichtig im Dorf. Eher eine Art Seherin. Und lebte ziemlich einsam und einfach.

Der Nachmittag verging schnell wie ein Stück Eis in einem Kaffee. Sie erzählte mir Geschichten, Erlebtes, Weitererzähltes. Von den Magiern des Nachbardorfes. Von der Kuh, der Tante die an einer merkwürdigen Krankheit gestorben war. Von den wichtigen Pflanzen, die in der Nähe des Vulkankraters wuchsen. Fragte mich, was ich als Westler davon halte, wie die Wissenschaft die Dinge sehe. Wir waren vertieft in den Themen, bis ich plötzlich realisierte, wie spät es schon geworden war. Es dämmerte draussen und ich musste los, bevor es Nacht wurde. Ich riss mich los, verabschiedete mich von ihr mit tiefer Dankbarkeit für ihre offene Wissensvermittlung. "Bist du morgen noch im Dorf?" fragte sie mich. Ich war mir nicht so sicher. Ich war ein besonderer Gast in einer besonderen Gegend, zu einer besonderen Zeit. Irgendetwas lag in der Luft, ich wusste nicht, wie lange ich hiersein durfte. "Ich werde darüber schlafen", meinte ich. "Ja, tu das", meinte sie mit verstehendem Blick.

Ich machte mich auf zur Hotelanlage. Eine erstaunlich komfortable, und ich hatte einen sauberen eigenen Bungalow. Der grosse zottlige Hund mochte mich auch. Er legte sich draussen auf die Matte vor meiner Türe. Ich teilte mit ihm ein paar Biskuite und legte mich alsbald aufs Ohr. Ich war erschöpft. Die Begegnung hatte Kraft gekostet.

Mein Schlaf war unruhig. Gegen Mitternacht begann ein leiser Wind ums Häuschen zu pfeifen und wurde alsbald stärker. Plötzlich hörte ich den Hund vor der Türe ein Bellen ausstossen, und dann raste er heulend davon. Die folgenden Minuten sind schwer zu vergessen. Der Sturm schüttelte mein Häuschen durch und pfiff durch alle Ritzen und Wände. Blitze zuckten draussen - ohne dass ein Donner zu hören war. Es herrschte die Hölle auf Erden.

Der Spuk war nach wenigen Minuten vorbei. Eine unheimliche Stille legte sich über die Gegend... Irgendwann schlief ich ein, und wusste, morgen war es für mich Zeit abzureisen.

Sobald das Morgenlicht die Düsternis der Nacht vertrieben hatte, kochte ich mir einen Kaffee und machte mich daran, die Sachen zusammenzupacken. Ich öffnete meinen gut verschlossenen Rucksack und wollte gerade hineingreifen, als ich eine minime Bewegung im Innern wahrnahm. Vorsichtig öffnete ich die Türe und schmiss den Rucksack raus auf die Veranda. Zwei mittelfingergrosse grüne Giftspinnen hüpften nach draussen...

An diesem Tag nahm ich den ersten Bus. Ich fuhr weiter als geplant, weit weg.

Gespräche am Gangesufer

Meine Abendeinkäufe waren schon fast erledigt. Ich schlenderte durch den Gemüsemarkt beim Hauptghat in der indischen Stadt Benares, erkundigte mich beim freundlichen Fruchthändler über die Tagespreise der Limetten. Dann umrundete ich die mitten im Getümmel wiederkäuend sitzende Kuh und liess mich in der Menschenmasse Richtung Godoliakreuzung treiben. Plötzlich verspürte ich einen leichten Schlag am Rücken, drehte mich etwas um und sah gerade noch ein Stück weisser Rettich auf dem Boden aufschlagen. Erstaunt schaute ich hinter mich, da kam auf eilenden Sandalen mit breitem Grinsen der südindische Priester Dixibaba mir nachgeeilt. "Das bringt Glück", rief er fröhlich dirigierend mit dem Rettich in der Hand und klopfte mir wohlwollend auf die Schultern. Dabei musste er sich ziemlich strecken, war der dürre barfüssige Kerl im weissen Tuch mit bauchnabellangem Bart doch ziemlich klein gewachsen. "Bist du in Eile? Hast du Zeit? Trinken wir einen Tee zusammen?" Der Gute hatte wohl wieder auf Gesellschaft gelauert und war froh, sein Lieblingsopfer entdeckt zu haben. Aber ja, ich hatte Zeit. Und es war auch immer spassig, mit dem hageren alten Baba einen Tee auf den Steinstufen zum Ganges (der heilige Fluss, der durch die Stadt fliesst) zu schlürfen.

So höckelten wir uns also auf die Stufen, bestellten einen Tee beim vorbeieilenden Teejungen, und verweilten etwas in getrauter Zweisamkeit. In der Ferne brannten die Feuer des Kremationsplatzes am Gangesufer, und Dixibaba deutete in jene Richtung. "Viele Verbrennungen heute", meinte er. "Ja", stimmte ich zu, "in dieser Jahreszeit gibt es immer viele Seuchen - nach der Regenzeit meine ich."

"Ja, letzte Woche stand in der Zeitung wieder was über einen Typhusausbruch", trumpfte er auf, "über dreissig Fälle im Regierungsspital."

"Oh, im Regierungsspital, mhh ja, dann werden auch ein paar dort vorne angekommen sein… Ende der Reise."

"Yupp, und die Holzpreise für das Holz der Kremation sind diese Tage gestiegen. Vor allem das Mangoholz", fügte er hinzu.

Wir schwiegen beide eine Weile und gedachten der Vergänglichkeit.

"Weisst du", unterbrach Dixibaba das Schweigen," wir sollten so werden wie der Mangobaum." "Mhh? Ist das nicht etwas langweilig?" frotzelte ich.

"Ha, vielleicht", lachte er.

Dann fuhr er ernster fort: "Der Mangobaum ist ein starker und würdiger Baum. Er hat viele Blätter und reinigt damit unsere Luft. In der Mittagshitze ist er ein einzig kühler Zufluchtsort, und die Kühe setzen sich zum Mittagsschlaf darunter. Und in guten Jahren hängt er voller Früchte, die Mango - die Königin der Früchte! Heuer waren die Mangopreise ja wieder bodenlos...Und ja, seine Wurzeln halten den Boden zusammen und speichern Wasser. Er bietet Wohnraum für Tiere - ohne Miete zu verlangen. Der Mangobaum ist anspruchslos und dient den Wesen, ohne etwas zu verlangen. Und stirbt er mal ab, so ist sein Holz unverzichtbar für die Kremation verstorbener Hindus. Also selbst dem Tode geweiht ist er uns noch nützlich!"

"Das ist ein sehr schönes Bild", stimmte ich Dixibaba zu. "Aber leider sind die meisten Menschen ganz und gar nicht wie ein Mangobaum. Sie gewähren keinen schattigen Platz zur Ruhe. Sie ruhen nicht mal in sich selbst. Geschweige denn, dass sie andern so selbstlos dienen wollen."

Der Teejunge brachte die Gläser mit dem süssen Milchtee. Wir schlürften an der heissen Brühe und schauten nachdenklich auf den Ganges hinaus.

"Versuchen sollte man es eigentlich", sinnierte ich.

Dixibaba ereiferte sich. "Ja, im nächsten Leben werde ich vielleicht als Mangobaum wiedergeboren, und dann werd ich…"

Ich unterbrach ihn. "Nein, nein, in diesem Leben, meinte ich. Du hast es am Anfang richtig gesagt: Werde wie ein Mangobaum…"

Dixibaba schaute mich lange an. Dann meinte er etwas zweifelnd: "Das dürfte schwierig werden. Aber die Idee ist gar nicht mal so schlecht. Naja - war ja auch von mir…", fügte er mit verschmitztem Lächeln hinzu.

Gesten der Versöhnung

Rechts neben mir sass der ehemalige Oberst Vladimir. Ein Russe um die sechzig Jahre alt, und ein Baum von einem Mann. Er sah genauso aus, wie man sich einen älteren Militäroffizier aus dem ehemaligen Stalingrad in etwa vorstellt. Er mass fast zwei Meter, hatte aber eine gebückte und sehr gedrungene Statur, ein Bär von einem Mann. Sein Gesicht war kantig und markant wie eine alte Eichenrinde. Der Bart passte dazu und gab ihm etwas Würdevolles. Alles in allem sah er doch auch aus wie ein Wissenschaftler.

Abends frönte Vladimir dem Wodka. Mit der steigenden Anzahl leerer Flaschen wurden seine Geschichten immer bizarrer, und er wechselte ständig die Sprache. Mal Russisch, mal Polnisch, mal Französisch, Deutsch, Englisch. Vom Tisch ging er jeweils als letzter, und geraden Schrittes. Es hätte schon eine Panzerfaust gebraucht, um ihn flachzulegen. Vladimir war Atomphysiker.

Wir sassen in diesem Hotelinnenhof in Chengdu, China, an einem grossen Gemeinschaftstisch. Vladimir war mit einem polnischen Freund aus Irkuzk hergereist, die vier Europäer kamen von Hongkong und Beijing her. Ein Arzt aus Singapur und ein Japaner füllten den grossen runden Tisch. Ich war mit Mr Kim von Tibet hergereist. Mit Mr. Kim hatte ich eine unfreiwillige, wenn doch ganz witzige Reisepartnerschaft. Wir waren in Jeeps aus Lhasa durch chinesische Sperrgebiete Osttibets gereist und endeten nach einer guten Woche in Sechjuan. Mr Kim war der einzige männliche Alleinreisende gewesen nebst mir, und so teilten wir uns jeweils das Zimmer. Seine Hobbies waren die Philosophie und der Reisschnaps. Etwas kauzig, musste der kleine Brillenträger in Südkorea doch eine Bekanntheit sein, hatte anscheinend mehrere Bücher geschrieben. War lange Jahre in politischer Haft. Er nannte sich einen Poeten und war früherer Friedensaktivist. Die Wirren in Korea hatten sein Leben geprägt.

Es ging gegen Mitternacht zu. Die Runde im Hotelinnenhof wurde langsam aktiv, und die ersten Alkoholreserven waren in der Blutumlaufbahn geparkt. Man stellte sich einander vor und erzählte etwas über die Reiseroute. Die Runde war gemütlich. Irgendwann, nach dem Vladimir mir von seiner Flucht vor der Polizei aus Madagaskar erzählt hatte, kam das Gespräch auf seinen früheren Arbeitsort in Nordkorea zu sprechen. Vladimir hatte dort, für die Nordkoreanische Diktatur, an Atomanlagen rumgebastelt. Atomtests geleitet. Für ihn war das ein Arbeitsort wie jeder andere. Doch die herumsitzenden Reisenden brachen ihre eigenen Gespräche immer mehr ab und lauschten dem alten Oberst.

Irgendwann war es still im Raum. Sehr still. Mr Kim und Oberst Vladimir fühlten die Blicke der Umsitzenden auf sich gerichtet. Die Luft schien wie vor einem Gewitter zu knistern.

Über den runden Tisch schauten sich beide in die Augen und senkten dann den Kopf. Die alte Uhr an der Wand schlug gerade Mitternacht. Dies war, wie auf höheres Geheiss, der Auftakt. Die Zeit schien endlos. Nach dem letzten, zwölften Schlag der Uhr erhoben sich beide Männer von ihren Sitzen, schauten sich nochmals tief in die Augen - und reichten sich die Hände über den Tisch. Mit festem Griff schüttelten sie sich lange stumm die Hände. Frieden.

Bei Onkel Jack

Es musste eine Art Koan sein (Zen-Aufgabe). Kopfschüttelnd lief ich in der Mittagshitze wieder durch die Stadt zurück. Irgendwie konnte es nicht mit rechten Dingen zugehen.

Vor ein paar Wochen sandte mir ein guter Freund ein Paket mit einem T-Shirt mit allerliebstem gestickten Elefanten darauf. Es kam aus Chiang Mai, Nordthailand. Dieses Shirt wurde von Menschen mit einer Behinderung angefertigt. Der Freund hatte auf einer Ferienreise eine Behindertenwerkstatt besucht und empfahl mir wärmstens, dieser bei meiner anstehenden Reise einen Besuch abzustatten. Vielleicht könnte hier meine Suche auf dem Lebensweg zu einer Verschnaufpause kommen? Ich fand das eine sehr gute Idee und plante meine Reise nach Chiang Mai. Dort angekommen, machte ich mich tags darauf auf die Suche nach der Behindertenwerkstatt. Und fand sie nicht. Suchte und suchte. Hatte eine Adresse, einen Lageplan. Fragte die Touristeninformation. Trotzdem, sie blieb unauffindbar. Dies ging vier Tage weiter so. Jeden Morgen machte ich mich mit neuem frohen Mut auf die erneute Suche.

Während ich mich am ersten Tag noch über meinen Fehlschlag ärgerte, fand ich es am zweiten Tag amüsant, am dritten Tag irgendwie merkwürdig. Ich bewegte mich in einer Gegend, in der ich sonst wohl nicht rumgefusselt wäre. Jedes Mal entdeckte ich wieder etwas Neues, vergass die Zeit, und irgendwann zwang mich die Hitze der senkrechtstehenden Sonne zum Rückzug.

Am vierten Tag entdeckte ich einen merkwürdigen Tempel. Eine wundersame Anlage. Es gab einen grossen Altarplatz, an dem für den verstorbenen Haushund gebetet wurde. In Thailand kommt den Haustieren viel Bedeutung zu, und gerade Hunde werden liebevoll als Familienmitglied anerkannt. Beim Bergstamm der Lua wird bei der Hauseinweihungs-Zeremonie sogar dem Hund die Ehre zuteil, als Erster die neue Wohnstätte betreten zu dürfen.

Ich schlenderte in dem Tempelgarten herum und entdeckte einen Wegweiser "Museum". Ein altes Holzhaus am nördlichen Rand der Anlage. Noch zweifelte ich etwas, da winkten mir zwei ältere Herren zu und deuteten mir einzutreten. Es war ein Museum ohne Eintrittsgebühr und eine interessante

Ansammlung von alten Gegenständen. Etwas chaotisch. Ich fühlte mich wie in Grossvaters Estrich. Auch der Geruch des alten Holzes und feuchten Metalls füllte die grossen Räume. Die Herren stellten mich erstmal unter den hundertjährigen Handventilator und zogen an den Seilen, um mir Luft zuzufächeln; damit war ich frisch für die Ausstellung. Es gab einfach alles, von Statuen zu Jagdtrophäen, Möbel, Schreibmaschinen, Fotos, chinesische Pfeifen, Münzen, Briefe, Fahnen, ein Fahrrad... ein privates Sammelsurium aus vergangenen zweihundert Jahren Stadtgeschichte. Und ein paar alte rote Ameisen hatten wohl auch ihr Asyl gefunden, vielleicht zwischen den zwei polierten Elefantenschädeln.

Die zwei älteren Herren tauchten immer mal wieder auf und zeigten mir einzelne Dinge. Der eindeutig Ältere von ihnen wurde mir vom Jüngeren vorgestellt - das sei der Gründer des Museums. Er sei schon 92 Jahre alt. Wegen gesundheitlicher Probleme komme er leider nur noch selten hier zu Besuch auf einen Tee. Obwohl das Haus früher Besitz seiner Familie war und für ihn ein Stück Heimat sei. Die beiden alten Freunde lächelten sich bedauernd zu.

Während des Rundgangs im Museum begriff ich langsam, dass der alte Herr der Philosoph Jarin Bain sein musste. Uncle Jack Bain! Es war mir eine Ehre. Nach meinem Rundgang durchs Museum luden mich die Herren ein, mit ihnen einen Grüntee zu schlürfen. Onkel Jack erzählte mir von seinen jungen Jahren und zeigte mir die Fotos seiner Mutter (eine Thai-Bergstammfrau) und von seinem Vater (ein Schotte, der für die Burmese-Company mit Teakholz handelte). Er erzählte vom japanischen Krieg und den Gefangenenlagern, wo auch sein Vater sechzehn Jahre im Fieber vor sich hin rottete. Mir fiel auf, dass Onkel Jack die ganze rechte Ohrmuschel fehlte. Wo das wohl das herrührte?

Irgendwann musste ich los und dankte den beiden Herren herzlich. Als ich am Ausgang in meine Schuhe schlüpfte, fiel mein Blick auf ein Schild mit einem Spruch von Onkel Jack, der da hiess: "Du kannst dir wohl ein Haus kaufen - aber Heimat kannst du dir nicht kaufen." Wie wahr, alter Haudegen...

Ich trottete zum Tempelareal hinaus und ging ein paar Meter sinnierend vor mich hin. Und stand urplötzlich vor dem Schild des Hilfswerks, welches ich tagelang gesucht hatte. Ich trat ein, die Leute waren gerade mit dem Mittagessen beschäftigt und luden mich herzlich dazu ein. Dann zeigte mir der verantwortliche Manager, Mr Wong, den Betrieb. "Du kommst zu spät", meinte er bedauernd. "Heute Morgen war der Sozialminister hier zu Besuch. Das war eine grosse Sache. Wir waren so aufgeregt." Ich nickte bedauernd. Es hat nicht sollen sein.

Und doch wusste ich mit Bestimmtheit: Heute Morgen war ich zur richtigen Zeit am richtigen Ort gewesen...

Kreisläufe der Natur

Java, Indonesien. Das Holzhaus lag nur wenige hundert Meter von der kleinen Meeresbucht mit dem schwarzen vulkanischen Sand entfernt und schmiegte sich sanft an die letzten Ausläufer der Küstenfelsen. Hinter dem grossen Wohnhaus mit dem Gästetrakt erstreckten sich sanfte Felder. Auf ihnen gedieh allerlei Gemüse, welches die Bewohner der Umgebung gut versorgen konnte. Das nahe Meer lieferte Fische. Fast alle Menschen in der Gegend konnten als Selbstversorger leben - meist kauften sie nur noch den Reis auf dem Markt. Das Klima in dieser Gegend ist mild, und nicht zuletzt dank dem umliegenden Naturschutzgebiet ein Paradies für Pflanzen wie Tiere. Sogar Schildkröten konnte man am Strande antreffen.

Eines Tages kam jedoch die Neuigkeit vom Anflug unliebsamer Gäste: Heuschrecken. Die Neuigkeit verbreitete sich schneller als ein Lauffeuer, und die Einwohner eilten so schnell sie konnten auf die Felder, um zu retten was noch vor dem Eintreffen der Schwärme zu retten war. Doch es dauerte nicht lange, und man sah, wie sich einer dunklen Gewitterwolke gleich ein Riesenschwarm vom Wald Richtung Felder zubewegte. Gleich einer Kriegsinvasion landeten die ersten Heuschrecken auf den Feldern. Es waren wirklich grosse Brummer, grüne flinke Piloten und unersättliche Grünfresser. Und sie kamen in Millionen. Innert weniger Minuten schwirrte und surrte es in der Luft. Es wurde eng im Luftraum, die hastig arbeitenden Bauern hatten selber schon am ganzen Körper Heuschrecken und schleiften mit letzter Kraft ihr Grünzeug in die Hütten. Für die Setzlinge gab es keine Hoffnung. Zwar konnte man ein paar Wolldecken auf die Beete legen und mit Insektizid besprühen, aber die Viecher krochen auch unter die Decken. Und was nützte das schon... die grossen Felder wurden innerhalb weniger Augenblicke zerfressen.

Nun kam Phase zwei im Krieg gegen die kleinen grünen Monster. Die Einheimischen sammelten sie ein und stopften sie in grosse Tuchsäcke. Auch dünne Fischernetze dienten den Fangzwecken. Es wurde gesammelt und gesammelt.

Ich begriff dieses Treiben nicht ganz. Es konnten ja unmöglich so viele Heuschrecken gesammelt werden, dass das Gemüse dadurch gerettet wurde. Wie dem auch sei - die Hektik der Invasion steckte auch mich an, und so sammelte ich ebenfalls eifrig. Die kleinen hüpfenden Biester konnten einen aber ziemlich in die Finger zwicken - man musste sie schon richtig anfassen.

So schnell der Spuk begann, so schnell endete er auch wieder. Bald sammelten sich die ersten Gruppen der Heuschrecken wieder in grossen Formationen, um sich alsdann als eine lange dunkle Wolke vom Boden abzuheben und über dem nahen Wald zu verschwinden. Die Säcke mit den gesammelten Tierchen wurden zugebunden, und der Schaden auf den Feldern inspiziert. Viele Bauern hatten Tränen in den Augen. Es war eine vernichtende Invasion gewesen, und die Arbeit von Wochen hatte sich in null aufgelöst. Viele junge Pflanzen wurden so sehr angefressen, die Überlebenschancen standen für sie nicht gut. Die nächsten Tage und Wochen würden finanziell teuer werden. Es brauchte neues Saatgut... und Lebensmittel vom Markt.

Abends begriff ich, was es mit dem Sammeln der Heuschrecken auf sich hatte: Zum Nachtessen gab es in Öl frittierte Heuschrecken... Was gar nicht so übel schmeckte.

Die nächsten Tage waren dem Nachschrecken des Heuschreckenkrieges gewidmet. Es wurde mit Heuschrecken nach Fischen geangelt, die Hunde und Katzen frassen Heuschrecken ,- und die Menschen assen Heuschrecken.

Der Kreislauf schloss sich.

See you later Alligator

Bangkok, früh morgens. Die Strassen waren noch nicht erwacht. Die taufeuchten Asphaltwiesen und Aluminiumbäume (Strassenlaternen) warteten auf die ersten Sonnenstrahlen. Eine Ratte wieselte von Abfallberglein zu Abfallberglein. Die grossen stählernen Stadtbusse schoben sich bereits schnaubend über die Strassen und übertönten mit ihrem Gebrumme die zagen Stimmen der frühfitten Singvögel auf den Parkbäumen.

Auch für mich war es noch früh, allzufrüh, doch musste ich zeitig den Bus an die Grenze nach Kambodscha erwischen. Und so hatte ich mich aufgequält, die Pension verlassen, und suchte noch schlaftrunken die Strasse nach einem Kaffee ab.

Gerade von Indien gekommen, hatte ich die für Europäer etwas unangenehme Art angenommen, die morgendlichen Säfte der Luftröhre und der Lunge kräftig auszurumpeln. Da sich in asiatischen Grossstädten die Abgase und Feinstaube gerne in den Atemwegen ablagern, gehört dies zum morgendlichen Reinigungsritual fast jedes urbanen Asiaten. Ich würgte also meine Atemwege frei und suchte einen möglichst konformen Platz zur Entsorgung des grünschleimigen Saftes. Nach ein paar Metern fand ich eine offene Kanalgrube und spuckte mich frei. Da öffneten sich just an der Stelle im Schacht zwei grosse Augen, riesige mandelförmige Reptil-Augen, und starrten in die meinen. Das Reptil begann sich zu bewegen. Es war ein schwarzer Kaiman, eine Riesenechse, über einen Meter gross. Und er schaute nicht erfreut drein, dass ich ihm so unverfroren auf die Nase gespuckt hatte. Während er die Schnauze nun hin und her bewegte, und der grüne Schleim davon abtropfte, entschuldigte ich mich erschrocken und in aller Höflichkeit. Jemanden anzuspucken, ist ein äusserst unhöfliches Benehmen und lässt sich in Asien kaum je entschuldigen. Es ist eine Respektlosigkeit, welche kaum zu überbieten ist. Und dieses edle, majestätische Tier, in seiner ganzen Pracht und Kraft, konnte nun wohl gar nichts für die Misere der Menschheit und hatte dies in keinem Falle verdient. Nur: Sein Lebensraum schien mir denn schon etwas ungewöhnlich. Eigentlich würde dieses Reptil doch eher auf eine indonesische Insel gehören - vielleicht an einen vulkanischen Strand neben hundertjährigen Schildkröten oder so. Und da rekelte es sich putzmunter in der Kanalisation einer Grossstadt?...

Die Begebenheit wurde für mich zum Symbol. Zum Bild dafür, wie die menschliche Spezies mehr und mehr an Raum beansprucht und diese Ausdehnung Lebensräume anderer Arten zerstört. Wie die Tiere sich immer speziesferneren Lebensräumen anpassen müssen.

Und ja... dass wir eigentlich auf ihre Bedürfnisse und ihr Lebensrecht spucken.

Eine Schnecke beim Essen

In einem Meditationskloster wird der Alltag bewusster angegangen als ausserhalb der Mauern. Durch gesteigerte Fokussierung auf einfache Tagesabläufe und Einüben einer bestimmten Meditationsart als Werkzeug für den Geist soll an Bewusstheit gewonnen und am Bewusstsein gearbeitet werden.

Die wöchentlichen Gespräche mit dem Spiritual der Mönchskongregation fanden jeweils donnerstags statt. Der Obermönch lud dabei zum vertraulichen Gespräch. Es war wichtig, dass er die Fortschritte oder Abschweifungen der Lernenden auf dem Pfad der Meditation überblickte. Die Auseinandersetzung mit dem eigenen Geist ist eine komplexe Sache und nicht zu unterschätzen. Meine Zeit war gegen vier am Nachmittag, und so begann ich jeweils um drei Uhr, mein Häuschen zu verlassen. Nicht dass der Weg weit gewesen wäre, wahrscheinlich dreihundert Meter. Jedoch: Jede Bewegung sollte bewusst gemacht werden, sollte den beobachtenden Geist noch schärfer machen. Und das hiess, man machte jede Bewegung langsam. So ging es Schritt um Schritt um Schritt zum Häuschen des Obermönchs. Dort angekommen, war der Spiritual noch in einem tiefen Gespräch mit einer praktizierenden Nonne aus Malaysia. Ich wusste, für sie war es ein steiniger Pfad. Statt vor der Türe dem Gespräch ungewollt zuhören zu müssen, wandte ich mich dem Garten zu. Wie wunderbar in so einem tropischen Klima die Natur die verschiedensten Formen und Farben entstehen liess!

Auf einem kleinen Blatt sah ich eine Nacktschnecke. Sie kaute genüsslich am Blattrand. Der Blattrand erhielt ein ausgefrästes Zickzackmuster - und die Schnecke einen vollen Bauch. Fasziniert sah ich der Schnecke beim Fressen zu. Sie kaute genüsslich, und das knackende Kaugeräusch erinnerte mich daran, dass man im Kloster die letzte Mahlzeit um elf Uhr am Morgen zu sich nahm.

Ein Räuspern neben mir holte mich aus dem Staunen heraus. Der Obermönch vermisste seinen Schüler und liess nach mir suchen. Nun musste ich doch ziemlich schnell los. Ich begrüsste den Mönch ehrfürchtig in seinem Häuschen und entschuldigte mich für die Abwesenheit. Er entschuldigte sich ebenfalls, weil das vorherige Gespräch lange gedauert hatte. "Wo waren Sie denn?" fragte er. Dabei meinte er eher den Geisteszustand als den räumlichen Ort. Ich wusste nicht so recht, was ich nun sagen sollte. Also sagte ich die Wahrheit: "Ich habe einer Schnecke beim Essen zugehört. Sie hat richtig geschmatzt", fügte ich lachend an. Der Mönch studierte meine Augen, seufzte, und fragte dann liebenswürdig: "Wieso sind Sie eigentlich immer noch hier bei uns?... Wegen des guten Essens?"

"Exakt", witzelte ich zurück, "Sie ahnen gar nicht, wie ähnlich die schmatzende Schnecke und ich uns sind ..."

Der Tropfen der das Fass zum Überlaufen brachte

Die Gegend war malerisch. Bangladesch, und im Speziellen die eher schwierig zu erreichende Berggegend im Hinterland an der Grenze zu Burma, war wenig von der modernen Entwicklung beeinflusst. Zwar war es auch hier möglich, ein Teil des Tages Strom zu erhalten. Was das Landschaftsbild und die Lebensgewohnheiten der Menschen anging, war man hier ganz in Asien - und in einem Hinterland. Das Dorf war mehrheitlich aus Bambus gebaut. Dieses verlässliche Baumaterial ist ein guter Freund von Bergstämmen. Es ist hart und leicht, bleibt von Insekten verschont und wächst nach. Meist wächst der Bambus neben den Siedlungen und damit entstehen weder Kosten für das Material noch Transportkosten.

Eigentlich wollte ich einen befreundeten Theravada-Mönch besuchen, den ich vor Jahren in Burma kennengelernt hatte. Hier irgendwo in der Bergregion musste sein Hauptkloster sein. Ich hatte eine Adresse, doch die war ungenau. Nichtsdestotrotz genoss ich die Tage der Suche. Es waren Tage der Entdeckung. Die letzten Wochen hatte ich im bangladeschischen Flachland unter Muslimen gelebt und beim andauernden Fastenmonat Ramadan mitgemacht. Hier in der Berggegend lebten aber Buddhisten. Mein Magen freute sich - es gab auch tagsüber etwas zu essen...

In einem Dorf stieg ich aus dem Bus. Natürlich nicht unbeachtet von der Bevölkerung, welche so einen fremdländischen Besucher interessiert musterte. Es war denn auch ein Muss, dem einfachen Kloster einen Besuch abzustatten. Der buddhistische Klostervorsteher, ein Mönch in seinen Achtzigern, war auch gerne bereit, mich zu empfangen. Das Kloster befand sich auf einem Hügel, dem erhöhten Platz im Dorf, und der Guru sass auf einem hohen Bambussessel, ebenfalls erhöht. Er begrüsste mich freundlich, und es wurde mir Limettenwasser angeboten. Es war ein idyllischer Moment für eine Begegnung.

Was mich jedoch etwas ablenkte, war der Spucknapf, der da neben seinem Sessel stand. Der alte Mönch musste sich alle Minuten gründlich die Schleime aus den Atemwegen entfernen, und spuckte sie dann zielgenau in den Napf. Nur: Der grossvolumige Napf war bereits mit dem grünlichen Schleim gefüllt, bis zum Rande. Irgendwie irritierte mich diese Nebenangelegenheit. Ich versuchte, der Sache keine Beachtung zu schenken und den Mönch dafür geistig herauszufordern. Der alte Klostervorsteher war eine respektierte und geachtete Persönlichkeit in der Gegend, und ich wollte die Gelegenheit nutzen, ihm schwierige Fragen zu stellen. Während des Gesprächs musste er sich regelmässig die Atemwege freischaufeln. Dies lenkte meine Aufmerksamkeit ständig wieder auf den Spucknapf. Sein Fassungsvermögen war bestimmt zwei Liter, und wie gesagt - er war randvoll. Ich diskutierte und fragte, doch bei jedem ergiebigen Räuspern seinerseits konnte ich den Blick nicht vom Rande des Napfs wegdirigieren. Die Frage war, *wann* würde er überlaufen?...

Nach dem Limettenwasser und den Biskuits war unser Gespräch in Fahrt gekommen. Wir philosophierten über die erste Lehrrede Buddhas. Über den gelebten Glauben der Bewohner des Dorfes. Wir analysierten den Menschen und seine Bedürfnisse, und die Schwächen seines Ichs. Der alte Mönch konnte Lehrreiches dazu sagen, und ich erhielt einen guten Einblick in die Mühen und Sorgen der hiesigen Bevölkerung. Nach langer Diskussion über Rollen und Schicksale wagte ich die persönliche Frage, aus welchen Beweggründen er selbst Mönch geworden sei, und nicht verheiratet war.

Er schwieg lange, blickte mit Wehmut in die Ferne und meinte dann: Das sei wohl seine Bestimmung gewesen. Jeder in seiner grossen Familie hätte eine eigene Bestimmung gehabt. Er, als ältester Sohn, sollte Mönch werden.

Dann hustete er tief und spuckte wieder in den Napf. Und ja, diesmal brachte der Tropfen das Fass zum Überlaufen…

Die Uhr

Es waren nicht die goldenen Buddhastatuen, die mich immer wieder zu diesem Tempel trieben. Es war die Harmonie, das Zusammenspiel des Daseins, welches hier seine Schönheit offenbarte. In der Anlage lebten um die zwanzig Hunde, alle mit einer Behinderung. Sie wurden von den Mönchen gut umsorgt. Sie waren denn auch ziemlich übergewichtig und immer friedlich. Die Hunde waren die eigentlichen Besitzer der Klosteranlage. Jedenfalls benahmen sie sich so. Gut, da waren noch die Katzen. Eine Schwarze mit leuchtend gelben Augen wohnte im Geisterhäuschen, an der äussersten Ecke der Anlage. Meist sass sie wie ein Panther in meditativer Haltung auf dem kleinen Kissen und ihre mandelförmigen Augen funkelten im Halbdunkeln aus dem kleinen Geisterhäuschen hervor. Die Gute war am richtigen Ort.

Neben den Streifenhörnchen, welche auf dem riesigen Bodhibaum wohnten, und den Tauben in den Pagodendächern gab es noch eine Heerschar an Fledermäusen. Und einen alten skurrilen Gärtner, der meist beim Eindunkeln unter einem breitkrempigen Strohhut mit einer klapprigen Heckenschere an den Stauden rumfeilte.

Für ein paar Wochen gab es auch mich. Ich kam täglich vorbei. Schritt langsam um die Anlage, sass auf einem Bänkchen und genoss Stunden später die goldene Reflektion der untergehenden Sonne auf dem grossen Chedi. Dieser fünfzehn Meter hohe Steinstupa war bereits 700 Jahre alt geworden. Der Ort liess meine Seele atmen. Meine beengende Gedankenwelt zog sich langsam zurück, und es entstand wieder Raum, Raum für neues.

Es war dunkel geworden. Die Fledermäuse, wohl von Hunger und Jagdinstinkt getrieben, kreisten am Nachthimmel. Nochmals nahm ich einen letzten tiefen Atemstoss, liess meinen Blick auf die scherenschnittartigen Umrisse der Palmblätter und Tempeldächer am Abendhimmel wandern.

Wie spät es wohl sein mochte? Ich schlenderte zum Eingangsbereich, wo die Kantine der Mönche war, und erblickte eine grosse Uhr. Eine moderne runde Wanduhr, wie sie in Firmen in Europa in den Grossraumbüros hängen. Sie tickte vor sich hin, zeigte Viertel vor zwei. Das konnte beim besten Willen nicht sein. Wahrscheinlich war es Viertel vor sieben. "Die Uhr geht falsch", dachte ich und wandte mich ab.

Dann stockte ich und überlegte nochmals. Moment, dachte ich, vielleicht geht die Uhr ja gar nicht falsch! Vielleicht hängt sie nur am falschen Ort...

Zur Kumbh Mela in Allahabad

Das düstere kleine Zimmer war voller Dampf. Das feine Curry schmorte und brodelte in der alten Wokpfanne. "Wirklich, du magst echt mitkommen?" fragte ich Nirmal, der gerade den frisch gekochten Reis aus dem Dampfkochtopf schaufelte. Mein indischer Bruder Vinod und ich hatten den kleinen Rucksack gepackt, mit Lungi (Tuchrock), Räucherwerk und einigen nützlichen Kleinigkeiten. Wir wollten um Mitternacht den Bus nach Allahabad nehmen. Morgen war ein wichtiger Tag an der Kumbh, der Mond stand gut. Es wurden gegen dreizehn Millionen Badende erwartet. Sie alle würden am Morgen ein Ritual am Flussufer des heiligen Ganges vollziehen, und zu diesem Zwecke ein rituelles Bad im heiligen Fluss nehmen.

Wir verbrachten den Abend bei unserem Freund und Arbeitskollegen Nirmal. Nirmal ist Physiotherapeut und aus Bihar; er ist eigentlich Christ und gehört zu den Ureinwohnern Indiens, den Adawasi. Ganz sicher bin ich mir da nicht, jedoch tanzt er die Adawasitänze wirklich gut. Nirmal ist kein Mensch grosser Worte. Aber er strahlt eine grosse Zufriedenheit aus, und selten begegnet man einem so hilfsbereiten Menschen wie ihm.

"Ja", meinte Nirmal, "wenn es euch nichts ausmacht, komme ich gerne mit. Ich habe morgen nichts vor, und meine Frau ist für ein paar Tage zu ihren Eltern ins Dorf gefahren." Natürlich waren wir erfreut. Wir verbrachten also einen gemütlichen Abend und schlugen uns den Bauch mit dem scharfen Curry voll. Nirmal schmiss jeweils Chilischoten ins Essen - es hätte selbst einem Dinosaurier Tränen in die Augen getrieben!

Dann machten wir uns auf zur Busstation und quetschten uns in einen bereits übervollen Bus nach Allahabad.

Es ging schon gegen fünf Uhr morgens zu. Der Verkehr floss kaum mehr vorwärts. Eigentlich ist Allahabad nur 140 Kilometer von Varanasi entfernt, und die Strassen sind für indische Verhältnisse gut. Doch der Verkehr floss zäh wie die schlammige Varuna (Fluss bei Delhi), es waren Millionen unterwegs. Endlich, gegen sechs Uhr früh, passierten wir die alten Stadtmauern von Allahabad und verliessen den staubigen Bus. Wir liessen uns einfach im Strom der Menschen treiben. Vorbei an Essständen, Zeltstädten, weiteren Zeltstädten, kunstvoll aus Bambus und Zeltstoff aufgebauten Versammlungshallen, in denen die bekannten Gurus ihre Unterweisungen hielten. Vorbei an Heerscharen von Bettlern am Strassenrand. Und überall sassen Grüppchen von Babas, hinduistische Mönche oder Sadhus, welche sich noch ein Chillum (Haschpfeifchen) stopften oder auf einer improvisierten Feuerstelle ihre Frühstücksfladenbrote backten. "Schau dort drüben", stiess mich Vinod an, "die Nagababas!" Die Nagababas waren die nackten Asketen. Ihre Rastahaare und der meterlange Bart verdeckten meist ihre Scham. Nachts schmierten sie sich gegen die Kälte mit Asche ein. Es waren furchterregende und kriegerische Gestalten, meist waren sie auch mit Schwertern oder Stöcken bewaffnet. Echte Krieger Shivas eben. "Vor ein paar Jahren sind zwei Gruppierungen von Nagababas aufeinander losgegangen. Es gab mehrere Tote", wusste Nirmal.

Wir liefen und liefen. Die Menschenmasse wurde immer dichter. Irgendwann Sand unter uns, wir waren am Flussbett. "Dort vorne, lass uns dahin gehen, flussaufwärts. Dort ist das Wasser etwas sauberer und weniger Blumen schwimmen darin."

Der Tag kündete sich langsam an, der Himmel wurde im Osten rot. Wir kauften noch bei einem Pandit (Priester) ein paar Ritualsachen und Blumen und wählten uns einen freien Quadratmeter in der Nähe des Flusses aus, wo wir unsere Sachen abstellen konnten. Dann machten wir uns bereit zum heiligen Bad.

Die Sonne kam gerade über dem Horizont empor, wie ein goldenes Band zum Himmel spiegelten sich die frühen Sonnenstrahlen auf dem Ganges. Ich vollzog das rituelle Bad und tauchte meinen Kopf dreimal unter.

Auf dem Rückweg waren wir drei in bester Laune. Vinod erzählte von dem spirituellen Benefiz unserer Pilgerreise und von den Sünden und dem Unglück, welche wir hier für uns und unsere Familien abgewaschen hätten. Händler wollten uns noch alle möglichen Souvenirs andrehen, vom Plastikshiva über Rudraketten bis zu Gebetsbüchlein. Bei ein paar Babas aus Bihar ruhten wir noch einen Schwatz lang und vernahmen von ihren nächsten Reisezielen Richtung Haridwar.

Es war schon Mittag vorbei, als wir uns endlich einen Sitzplatz im Zug nach Varanasi ergattern konnten. Und natürlich war der Zug gerammelt voll.

In diesem Monat der Met Kumbh Mela sollen vierzig Millionen Menschen im Ganges ein Bad genommen haben. Was für eine Leistung war es doch von den Behörden, dass dieser wichtigste religiöse Anlass so sittvoll von statten ging!

"War echt toll, die Pilgerfahrt. Ich fühle mich stark und frisch", meinte Vinod, nachdem wir abends Varanasi erreicht hatten. "Und du? War es für dich etwas Besonderes? Ich meine, religiös?" hakte er nach.

Ja, das war es. Noch nie hab ich mich als Mensch in der Masse so verschwindend klein gefühlt. Millionen von Menschen, wie Sandkörner am Ufer des heiligen Flusses… und alle auf der hoffnungsvollen Suche nach einer göttlichen Berührung…

Halbmondtage

Lhasa, Tibet. Etwas benommen stand ich auf und machte mir mit meinem Wasserkocher allererst mal einen Kaffee. Ich hatte diese Nacht unruhig geschlafen, hatte seltsame Träume gehabt.

"Kommst du jetzt mit?" fragte mein deutscher Zimmer-Partner noch einmal geduldig. Geplant war ein Marktbesuch. Ich liebte Märkte. Was man da an Sinneseindrücken alles einsaugen konnte. All die Farben und Gerüche. Nach zwei Stunden Frischmarkt kannte man die Agrarkultur der ganzen Gegend inklusive der Saisonpreise. Doch heute war nicht der Tag dafür. Ich musste dankend ablehnen.

Heute war Halbmond. Ich spürte, es war einer von diesen Tagen, wo es mich irgendwo hin zog. Ohne ersichtlichen Plan, aber spürbar - ich musste mich intuitiv lenken lassen.

Nach meinem Kaffee fusselte ich also im frischen Morgen los. Frisch war das richtige Wort, auf dieser Höhe zog einem die kalte Luft kräftig in die Lungenflügel. Ich lief und lief. Der Nase nach. Nordwest vielleicht? Die steinigen Bergketten kamen näher, die Besiedlung wurde dünner. Da stand ich jetzt am Rand der Stadt. Und es gab nur noch einen steinigen Pfad. Da fiel mir der kleine dunkle Vogel auf. Den hatte ich doch vorher schon mal gesehen?

Der Weg teilte sich. Nun war ich ratlos. Links oder rechts? Die Gegend war recht geröllig geworden und hügelig. In die Ferne schauen konnte man nicht, und somit ein Ziel zu definieren, wurde schwierig. Da war er wieder, der kleine Vogel. Er sass auf dem rechten Pfad. Und trillerte vor sich hin.

"Wenn ich dich nur verstehen könnte, kleiner Piepmatz", dachte ich. "Aber sicher kennst du die Gegend besser als ich." Und so wandte ich mich ebenfalls nach rechts.

Ich schritt behutsam vorwärts. Der Vogel schien mir nun vorauszufliegen, und trällerte hin und wieder eine Strophe auf einem der Felsblöcke. Nach einigen Wegbiegungen wurde eine kleine sanfte Talmulde sichtbar. Ein altes grosses Gebäude, wundersam eingebettet im Grün und umgeben von sanften kräftigen

Bäumen, ruhte darin. Ich fühlte mich am Ziel und trat vorsichtig durch das halboffene grosse Holztor ein. Es war ein tibetischer Tempel. Ein merkwürdiger Tempel. Eine grosse Energie schien in ihm zu wohnen, aber die Wandmalereien im Innenhof zeigten blutige Bilder und waren furchteinflössend. Teile von Leichen schienen da gezeichnet, herausgestülpte Lebern, an Bändern hängende Köpfe, gehäutete Menschen. Wo hatte mich der kleine Vogel da hingeführt!?

Da tauchte ein dicker chinesischer Beamte auf. Er drückte mir ein Eintrittsbillett in die Hand und kassierte erstmal ein paar Yuan. Das sei der Tempel des Staatsorakels gewesen, klärte er mich auf. Der Dalai Lama hätte ein eigenes Orakel gehabt. "Dieses primitive Volk der Tibeter hat eben jeden Quatsch geglaubt", fügte er mit einem fetten Lächeln an.

Ich lächelte mechanisch und liess den nicht gerade sympathischen kommunistischen Beamten in der grünen Uniform links stehen.

Der Tempel ist für jeden Anthropologen eine Wucht! Und es gibt nur einen einzigen ähnlichen Tempel, einen zweiten, auf der Welt. Dieser liegt ein paar tausend Kilometer nördlich in der Mongolei. Es ist der Chöjin-Lama Tempel in Ullam Bathur. Auch dieser wurde wie ein Wunder vom Ungemach der Geschichte verschont - vom Religionshass der Chinesen und vom kommunistischen Radikalismus der Russen.

Ein Orakeltempel ist eine sehr spezielle Sache. Das Leben und die Rituale eines Staatsorakels stehen im Kontrast zu dem eines regulären Mönches. Eine andere Energie war nötig, als Zugang zu einer anderen Dimension.

Als ich den Tempel nach einer guten Weile verliess, hockte der kleine dunkle Vogel auf dem Dach. Seine klare Singstimme zerschnitt die Mittagshitze. Er schien mir noch ein letztes Liedchen auf den Weg mitgeben zu wollen.

Ein grosser Lehrer

Noch weilen einzelne unter uns. Ihr Wissen hat mit unserem neuzeitlichen Wissen der Moderne nicht viel am Hut. Dieses Wissen ist allumfassende Weisheit, und hat mit dem modernen Streben nach Titeln und Ansehen nichts gemeinsam. Ich spreche von den alten Meistern des Himalayas, den oft bescheidenen Grössen, welche noch, bereits uralt, ihre letzten Jahre des irdischen Daseins in meditativer Einsamkeit verleben. Viele von ihnen sind buddhistische Mönche aus Tibet. In den letzten fünfzig Jahren haben sie bei Nacht und Nebel ihr Kloster in Tibet verlassen müssen, auf der Flucht vor der unbarmherzigen Hand der chinesischen politischen Ideologie. Mit wenig Habe und einfachem Schuhwerk haben sie sich wochenlang durch einsame Gebirge und über hohe schneebedeckte Pässe gekämpft, um eine neue Bleibe im südlichen Exil zu finden. Einer von ihnen ist Löpon Gjürme. Seine Bleibe hat er in Samma gefunden, im Manaslugebiet in Nordnepal.

Wir kamen zu Fuss aus dem abgeschiedenen Tsumtal von der Grenze zu Tibet und hatten vom dortigen Drukpa Rimpoche den Auftrag erhalten, seinem spirituellen Freund Löpon Gjürme einen Brief mitzubringen. Diesen Auftrag hatten wir mit Freuden angenommen, gab er uns doch einen stichhaltigen Grund, den über achtzigjährigen Lama in seiner bescheidenen Klause bei Samma aufzustöbern.

Nach mehreren Tagen Fussmarsches erreichten wir Samma. Ich war ziemlich ausgezehrt. Irgendwie hatte mir die wochenlange Tzampa-Diät (Weizenbrei) ziemlich zugesetzt, und ein Darminfekt tat sich nun ziemlich gütlich an mir. Nach zwei Tagen brachte ich wenigstens wieder Suppe runter, und nachdem wir uns an der Suppe erlabt hatten, marschierten wir am späten Nachmittag zur zerfallenen Klostersiedlung hinauf, um uns nach dem alten Meister zu erkundigen. Er war denn auch anwesend, und ein Mönch öffnete uns die Hoftür für die Audienz. Wie bei Treffen mit Lamas so üblich, hatten wir Kattas vorbereitet (weisse Segnungsschals, welche man dem Lama anbietet, damit er sie einem wiederum um den Hals legt). Der alte Lama hatte sich in seiner Hütte bereit gemacht, uns zu empfangen. Während der kleine Nödrup behende in die Steinhütte schlüpfte und Drolma ihm nachfolgte, schlug ich bei meinem Versuch den Kopf am Türbalken an, dass es nur so dröhnte und sich auf dem Dach wohl einige Steinplatten verschoben. Benommen torkelte ich in das dämmrige Hütteninnere, unfähig, dem Lama würdevoll die Katta anzubieten. Als "westlicher Trampel vom Dienst" war mir dieser erste Eindruck, den ich von mir gab, wirklich peinlich - und das vor einem so einmaligen Lama. Der Lama schaute mir freundlich verschmitzt in die Augen, nahm meine Hände in die seinen, und ein herzliches Lachen strömte aus der Tiefe seines Daseins hervor. Ein so herzhaftes und erlösendes Lachen, dass ich schallend mit einstimmte. Die Begrüssung war irgendwie doch geglückt.

Der Raum war aus einfachstem Gestein gemauert, beherbergte nur sehr wenige lebensnotwendige Dinge. Die Feuerstelle glimmte noch leicht. Drei einfache Butterlampen beim Altar verströmten ein klein wenig Licht im Raum. Nach der Begrüssung bot uns der Lama nach tibetischer Sitte Buttertee an. Ein grosser Thermoskrug stand dazu bereit. Er stellte die drei Tassen auf das kleine Bodentischchen im Raum. Dann schenkte er sorgfältig ein, verfehlte jedoch wegen der Dunkelheit die zweite Tasse. Bei der dritten Tasse schenkte er zuviel ein, da er im Dämmerlicht nicht erkennen konnte, ob die Tasse schon voll war. Der kleine Tisch badete im Buttertee. Unsere Blicke trafen sich wieder, unsere Gesichtsmuskeln begannen zu zucken, und wir brachen in ein zweistimmiges Lachen aus. Kaum konnten wir uns noch halten, und Löpon Gjürmes wohlwollendes reines Lachen erklang nicht nur durch die alten Gemäuer des Klosters, vielmehr erschallte es durch unsere Herzen.

Dieses Lachen wird mich immer begleiten, in meinem Herzen einen Platz haben. Ein solches Lachen kann die menschliche Unzulänglichkeit überbrücken. Es kann Hierarchien überwinden, Kulturen zusammenführen, Dialog auch ohne gemeinsame Sprache schaffen.

Wirklicher, echter Humor aus reinem Herzen schafft wahre Begegnung.

Das Kleid: Eine Geschichte erzählt von Löpon Gjürme

Der freundliche Lama verliess kurz seine Hütte, um etwas Holz für die Feuerstelle aufzutreiben. Wenig später erhitzte die verbleibende Glut das neue Holz zu lebendigem Feuer, und die jungen Flämmchen züngelten zögernd am knorrigen Holz hoch. Wir hatten es uns in der bescheidenen Steinunterkunft des alten Lamas gemütlich gemacht, höckelten mit dem Buttertee an der Feuerstelle, und der weise alte Mann begann, uns eine Geschichte aus seinem Leben zu erzählen.

"Einmal, als ich noch jung war und voller Kraft, wollte ich unseren grossen geistigen Lehrer, den Dalai Lama, sehen, und seinem Unterricht lauschen. Er war nur wenige Jahre vor mir aus Tibet nach Indien geflüchtet, und wie es so vielen anderen geflüchteten Mönchen aus Tibet geht, wollte auch ich ihn im Exil zu Gesicht bekommen. Es war das Kalachakra in Bodh Gaya, dieser wichtige buddhistische Anlass in Indien. Für jeden tibetischen Mönch ist es ein Höhepunkt im Leben, dabeisein zu dürfen. Doch die Reise, hier von diesem Bergtal bis in das staubige indische Flachland, ist beschwerlich. Vor allem als junger und unerfahrener Mönch und zu alledem noch als Flüchtling ohne Geld. Das war ein angsteinflössendes Vorhaben. Ich hörte denn auch allerlei Gerüchte über die Probleme tibetischer Mönche mit der indischen Polizei, und so beschloss ich, nichts mitzunehmen, was mich als tibetischen Mönch hätte identifizieren können. Ich borgte mir also Zivilkleider und machte mich so auf die beschwerliche Reise nach Gaya. In Bodh Gaya angekommen, staunte ich nicht schlecht. Da waren doch sehr viele Mönche anwesend, aus Amdo, Kham, überallher aus Tibet. Und alle in Mönchskleidung.

Eines Abends nach den Unterweisungen wurde bekannt, dass seine Heiligkeit der Dalai Lama gerne die jungen Mönche aus Tibet persönlich treffen wollte. Es bildete sich rasch ein Grüppchen, welche ihre Namen auf die Liste für die abendliche Audienz setzten, so auch ich. Doch dann kamen mir ernsthafte Zweifel. Ich war ja nicht in der Mönchsrobe. Wurde ich da vom Sicherheitsdienst überhaupt eingelassen? Ich teilte meine Bedenken mit den anwesenden Mönchen aus dem Serakloster, und sie liehen mir eines ihrer Ersatzgewänder, welches ich nun umlegte. Als jedoch die Zeit für die Audienz kam, beschlichen mich ernsthafte Zweifel. Das war ja nicht *meine* Mönchsrobe. Irgendwie war das unecht, ja unehrlich! Kurzerhand zog ich mich wieder um und gab die Robe mit dankenden Worten dem Mönch zurück. Er schaute etwas verwundert! Dann eilte ich zur Audienz. Das Sicherheitspersonal musterte mich zwar misstrauisch, liess mich jedoch trotzdem ein. Danach warteten wir in dem kleinen Saal auf das Kommen unseres Lehrers."

Löpon Gjürme gluckste beim Erzählen vor sich hin vor Lachen. Die Geschichte war für ihn einfach zu komisch. Sein inniges Lachen steckte auch uns Zuhörer an. Gebannt warteten wir auf den Ausgang der Geschichte. Der Lama nahm einen kräftigen Schluck Buttertee aus seiner gesprungenen Tasse und führte seine Erzählung fort.

"Als der Dalai Lama uns dann herzlich begrüsst hatte, fiel ihm unter all den rotgekleideten Mönchen auch die einzige Person in einfacher Zivilkleidung ins Auge. Er musterte mich prüfend und fragte mich, wer ich denn sei. Da erzählte ich ihm kurz mein Dilemma und konnte die Sache mit der Kleidung erklären. Er musste über meine Schilderung der Dinge herzlich lachen! Seit diesem Tag sind wir miteinander verbunden…"

Die kleinen Butterlampen auf dem einfachen Steinaltar in der Hütte flackerten. Draussen wurde es langsam dunkel. Es war windig und regnerisch, graue Wolkenbänder jagten um die nahen Felsformationen des Gebirges. Wir mussten los, bevor die Nacht hereinbrach. Nur mit einiger Überwindung konnte ich mich aufraffen, dem herzlichen, bescheidenen Lama adieu zu sagen.

Als wir uns auf den Weg zurück ins Dorf machten und die halb zerfallene Klostersiedlung hinter uns liessen, ging ich die Geschichte des alten Lamas nochmals durch. War es wichtig, wie ein Mönch auszusehen, oder eher wichtig, einfach nur einer zu sein? In welchem Kleid war man ehrlich zu sich selber? Wie wichtig ist unsere äussere Erscheinung?

In unserer heutigen Zeit geht es viel um Fassade. Vielleicht würden wir uns allen einen Dienst erweisen, wenn wir daran arbeiten, uns selbst zu werden. Ein paar Fassaden dürfen fallen. Die Welt würde ehrlicher.

Wegweiser für einen Gast

Die Yaks hatten mal wieder nichts Besseres zu tun gehabt, als frühmorgens um meine Jurte zu streunen. Ihr Grunzen hatte mich aus dem Schlaf geweckt. Ich drehte mich noch ein Weilchen auf den Decken hin und her. Gestern hatte der Onkel von Tzi die Jurte gebraucht, um aus der grossen Menge Stutenmilch mongolischen Wodka zu brennen. Der Geruch war noch nicht ganz raus aus dem Hauszelt. Ich packte mich an diesem frühen Morgen warm ein und entfloh nach draussen, setzte mich auf den Holzkarren und schaute in den nachtblauen Himmel hinauf. Wie weit hier in diesem mongolischen sanften Hügelland die Erde doch war. Und wie nahe der Himmel. Ein Lämmergeier war ebenfalls früh auf den Flügeln und zog einen Kreis in grosser Höhe.

In dieser Ecke der Welt erinnerte so wenig an den krampfhaften Weltumbauwahn des Homo Kapitalisticus. Brauchte uns die Erde überhaupt, brauchte sie die Spezies Mensch? Waren wir nicht einfach Gäste bei der uralten Mutter Erde, für ein paar wenige Minuten der Zeitgeschichte? Wie unanständig sich diese Gäste oft benahmen!

Es mochte gegen sechs Uhr gehen. Meine Seelenverwandte Drolma, welche in Nepal in Bouddhanath lebte, war jetzt bestimmt schon aufgestanden und ging zum grossen Stupa. Sie machte jeden Morgen Koras- uhrzeigerförmige Umschreitungen des über tausendjährigen heiligen Monuments. Dabei begrüsste sie all die anwohnenden Strassenhunde herzlich. Sie kannte sie seit Jahren, und keine noch so kleine Infektion bei einem dieser Freunde entwickelte sich unentdeckt. Für Drolma war der Stupa ein Platz der Begegnung und ein Ort der Energie. Sie selber glaubte nicht an das Konzept der Tibeter, dass das Umschreiten des Stupa im Uhrzeigersinn die schlechten Taten des Menschen wieder ausgleichen könnte. Achtsamkeit im Leben war für sie zentraler. Man sollte durch Achtsamkeit schädigende Handlungen vermeiden lernen.

Die Sonne kroch hinter dem Hügel hervor, und die mongolischen Familienmitglieder aus ihren Jurten. Die Tante kochte eine deftige Schaffleischsuppe. Heute wollten Tzi, Tam und ich mit den Pferden zu einem schamanischen Platz reiten, einem Hirschstein. Da der Ritt ein paar Stunden dauern würde, mussten wir uns erst mal den Magen vollschlagen. Dann sattelten wir die Pferde und trabten über die Weite in den frischen Tag.

"Tsi, glaubst du eigentlich an Gott", fragte ich, als ich gemütlich neben ihr ritt, "also ich meine, an irgendetwas Höheres als wir sind?"

Tsi zögerte mit der Antwort. Dann meinte sie: "Naja, ich bin Buddhistin. Schon wegen der Familie und meines Urgrossvaters, dem West-Khan. Ich weiss nicht so recht, weisst du. Ich glaube, Buddha war ein ganz kluger Typ. Doch die Menschen haben wenig Kluges daraus gemacht. Als die Russen in der Mongolei die Macht übernahmen, in den dreissiger Jahren, hat meine Grossmutter aus Angst alle religiösen Bücher verbrannt. Das war schlimm! Doch manchmal frag ich mich, ob man Bücher und Statuen überhaupt braucht."

Von weitem sahen wir schon den merkwürdigen weissen Granitpfeiler in der sattgrünen Landschaft stehen. Um die drei Meter gross und umgeben von schwarzen Vulkanfelsen, ragte der mit seltsamen Zeichnungen behauene Ritualstein gerade in den Himmel. Wir stiegen von den Pferden, und mein innerer Anthropologe kam ins Fieber. Was für ein Platz! Ob Indiana Jones hier auch mal vom Pferd gestiegen war? Ich vermass den schamanistischen Ort, machte Aufzeichnungen. Irgendwann wurde es meinen Begleitern zuviel, und sie schliefen auf der Wiese neben den Pferden ein.

Was braucht der Mensch, um dem Göttlichen näher zu kommen? Braucht er Rituale? Braucht er Priester? Braucht er Gemeinschaften? Heilige Plätze?

Ich selber muss gestehen: ich brauche Zeichen. Symbole. Wegweiser, welche über das hinaus weisen, wo ich als kleiner Mensch stehe.

Doch der Wegweiser sollte nicht mit dem Ziel verwechselt werden. Und der Weg? War er letzten Endes das Ziel?...

Über den Autor

Ivo Matthias Rusch ist Heilpädagoge und Ethiker (M.A.). Aufgewachsen auf einem kleinen Berg in der Schweiz inmitten der Natur, wurde er durch einen Todesfall im engen Familienkreis in jungen Jahren vor existential-philosophische Fragen gestellt. Als kritischer Geist gab er sich mit vorgefertigten Antworten nicht zufrieden. Er gelobte sich, als Erwachsener diesen Fragen Raum zu geben, und tat dies nach seiner Seminarzeit und Arbeit als Dorfschullehrer. Seine ersten Reisen führten ihn in entlegene Ecken Südostasiens. Unter anderem reiste er in damalige Kriegsländer, um Fragen über den Tod nachzugehen. Er lernte dabei, dass man den Tod in seiner Dimension nur erfassen konnte, wenn man die Essenzen des Lebens ebenfalls erkennen lernte. Seine Reisen wurden zu einer Pilgerfahrt zum eigenen Ich. Als Suchender musste er erfahren, dass die Antwort selten dort zu finden war, wo man nach ihr suchte. Statt Antworten fanden sich immer wieder neue Fragen.

Als Lehrer für Kinder mit Behinderungen war Ivo M. Rusch unter anderem etliche Jahre für ein Kinderhilfswerk in Indien tätig. Fasziniert von Kultur und Religion führen ihn seine Reisen seit fast zwanzig Jahren immer wieder nach Asien. Meist ist er alleine und zu Fuss unterwegs. Am Zufriedensten fühlt er sich in den sanften Bergketten des Himalaya.

Die eher ungewöhnliche Lebensführung und Ivo's unübersehbar religions-philosophische Neigung haben ihm von Freunden scherzhaft den Übernamen "Wandermönch" eingebracht.

Die vorliegenden Kurzgeschichten sind autobiographische Schilderungen und basieren alle auf echten Begebenheiten. Wahrnehmung ist jedoch etwas Subjektives, und so erheben diese Geschichten keinerlei Anspruch auf Wahrheit. Um die Prägnanz der Aussagen zu unterstreichen, erlaubte sich der Autor zudem kleine schriftstellerische Freiheiten.